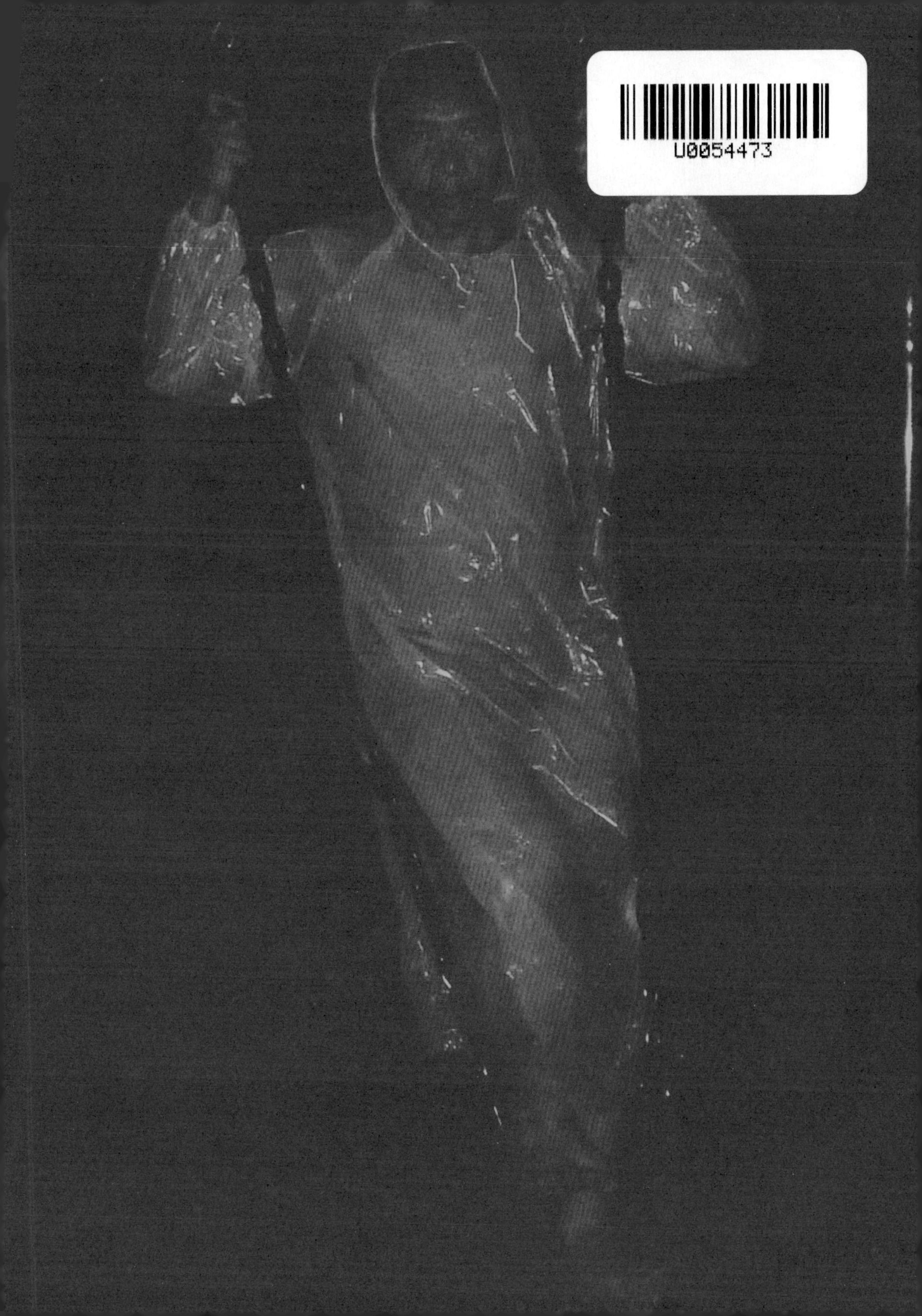

被愛都是痛苦的。當一個人無法承受被愛時，另一個原因是他不願意被約束、被綑綁。因為，愛是鎖鍊。
方是否夠愛我們，才能決定是否要愛對方嗎？是的。並不是我們功利性的怕吃虧，以至於在愛的多寡裡斤
陰陽交感而成，當雙方的放電量不一致時，它是無法被圓滿成就的。但當愛被確定了，被發展出來了，進
不是問題了。即使另一方已把愛抽離了，愛仍會被繼續數年。數百年——。

一九九八 俊明于苑裡

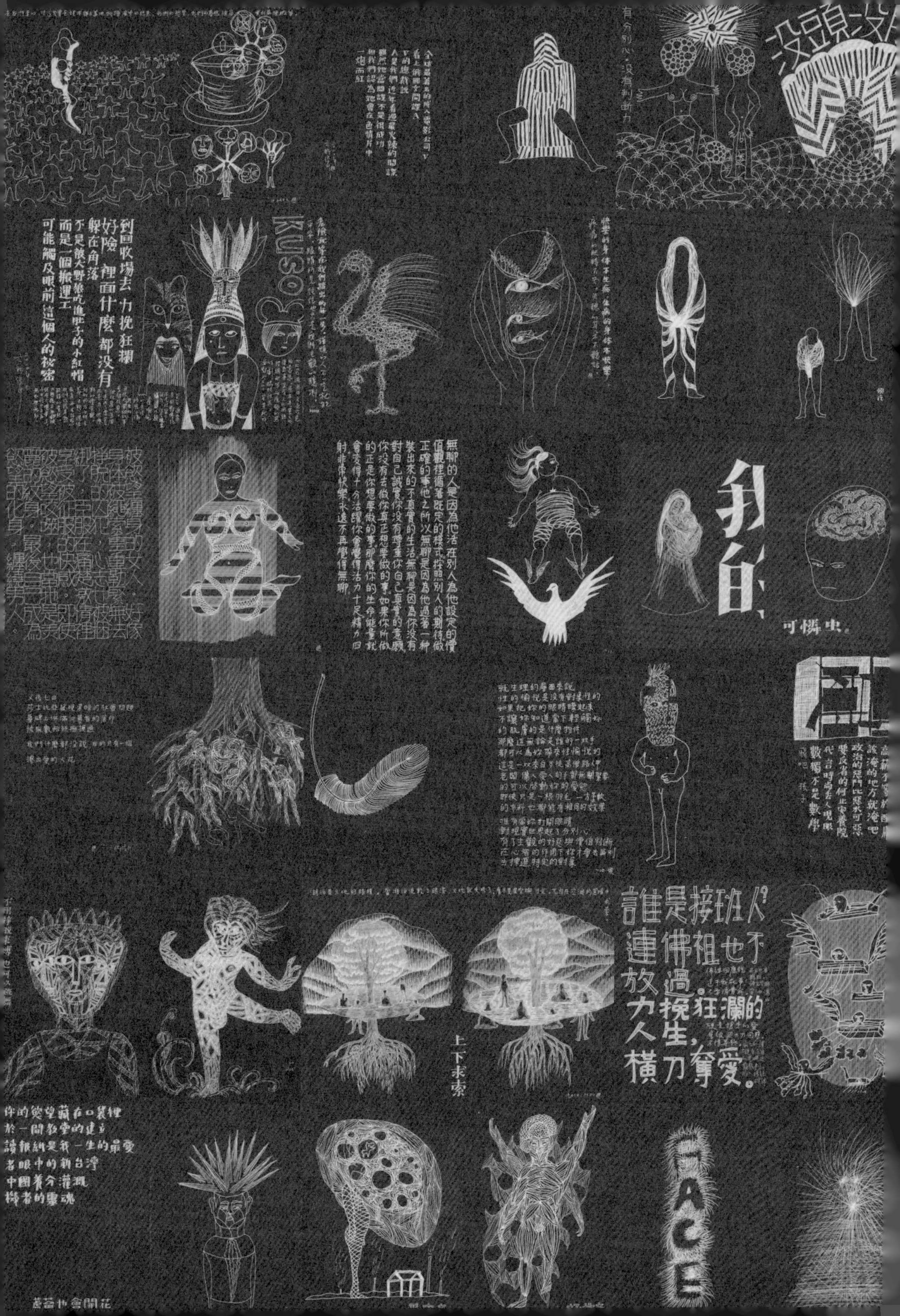
有分別心，沒有判斷力
沒頭沒
到回收場去 力挽狂瀾
好險 裡面什麼都沒有
躲在角落
不是被大野狼吃進肚子的小紅帽
而是一個搬運工
可能觸及眼前這個人的祕密
KUSO
無聊的人是因為他活在別人為他設定的價值觀裡循著既定的模式按照別人的期待做正確的事他之所以無聊是因為他過著一種裝出來的不真實的生活無聊是因為你沒有對自己誠實你沒有尊重你自己真實的意願你沒有去做你真正想要做的事如果你所做的正是你想要做的事那麼你的生命能量就會變得十分活躍你會活力十足精力四射非常快樂永遠不再覺得無聊
可憐虫
誰是接班人
連佛祖也不放過。
力挽狂瀾的人生，
橫刀奪愛。
上下求索
你的慾望藏在口袋裡
於一間教堂的建立
讀報紙是我一生的最愛
者眼中的新台灣
中國養分灌溉
機者的靈魂
FACE
蘆薈也會開花

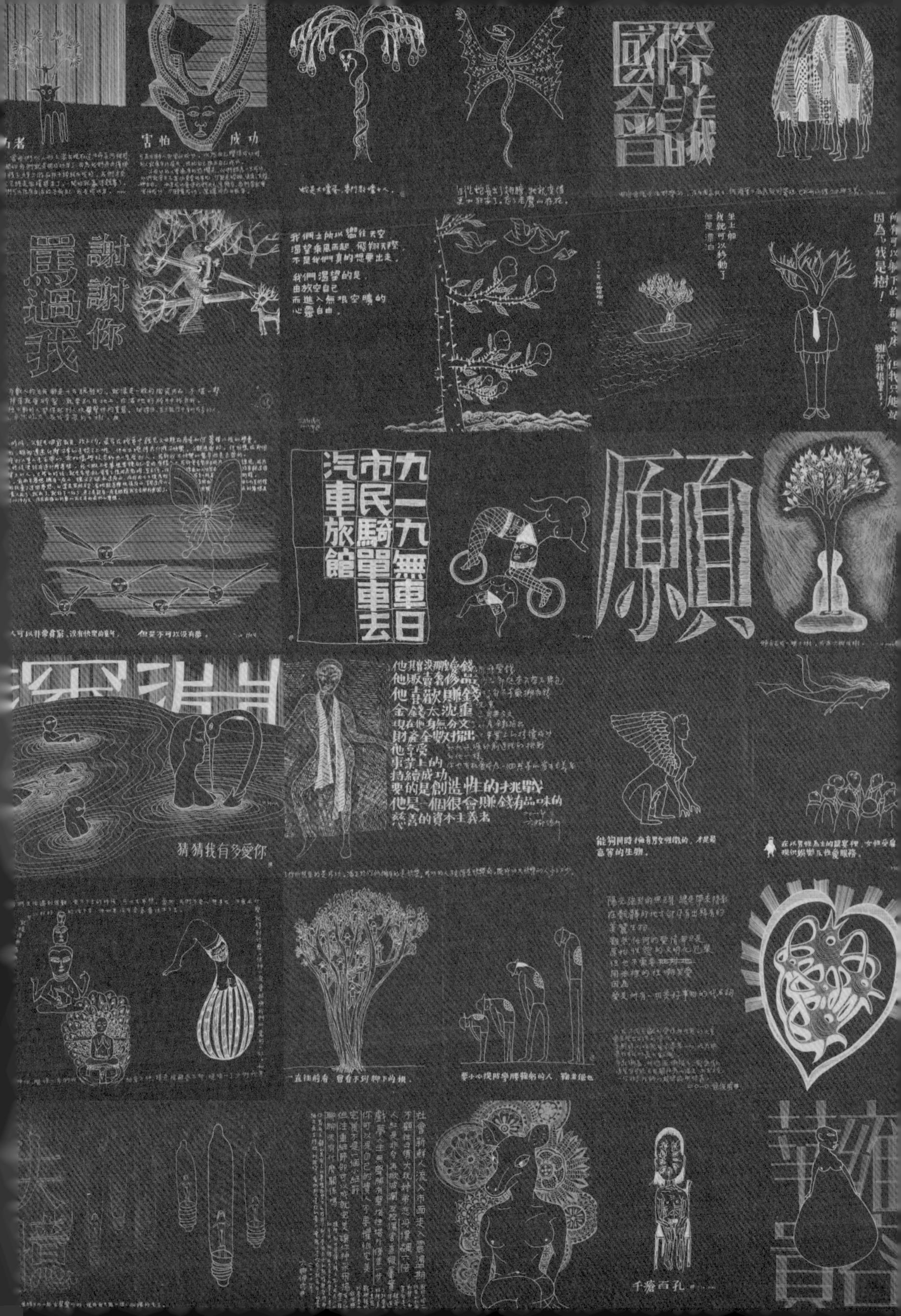

害怕
成功
謝謝你
罵過我
我們之所以嚮往天空
渴望乘風而起，飛翔天際
不是我們真的想要出去，
我們渴望的是
由於空自己
而進入無限空曠的
心靈自由。
因為，我是樹！
九二九無車日
市民騎單車去
汽車旅館
願
猜猜我有多愛你
千瘡百孔

心靈工坊 PsyGarden
Caring 074

跟慾望搏鬥是一種病：侯俊明的塗鴉片
Suffer from Desires：Hou Chun Ming's Free Drawing
圖．文——侯俊明

出版者——心靈工坊文化事業股份有限公司
發行人——王浩威
總編輯——王桂花
美術設計——黃子欽
特約企劃編輯——陳思伶
執行編輯——周旻君
通訊地址——106 台北市信義路四段 53 巷 8 號 2 樓
郵政劃撥——19546215
戶名——心靈工坊文化事業股份有限公司
電話——02）2341-8680
傳真——02）2341-8637
Email——service@psygarden.com.tw
網址——www.psygarden.com.tw

製版．印刷——中茂製版印刷事業股份有限公司
總經銷——大和書報圖書股份有限公司
電話——02）8990-2588
傳真——02）2990-1658
通訊地址——242 新北市新莊區五工五路 2 號（五股工業區）
初版一刷——2013 年 8 月
ISBN——978-986-6112-75-1
定價——450 元

跟慾望搏鬥是一種病：侯俊明的塗鴉片 / 侯俊明圖 . 文 .
-- 初版 . -- 臺北市：心靈工坊文化 , 2013.07
面； 公分 . -- (Caring ; 74)
ISBN 978-986-6112-75-1(平裝)
1. 臺灣社會 2. 通俗作品
540.933 102011986

我有一隻狗，但牠其實不是我的狗。是牠突然闖進我的生命裡來。

在我五十歲生日之際，不知是從哪來的狗，就自行在苑裡家待了下來。

我有一隻狗，但牠其實不是我的狗。我不是牠年幼印記中的主人，而且在我搬上台北之後，我就得把牠送走了，我不想成為都會裡的遛狗男。

但我其實很不願意把牠送走。因為牠就是我。只是我是人身，牠是狗身。

如果我化身為狗，大概就是牠這個樣子。牠的人際關係很不好，不與人溝通。

牠看起來很溫和，但不曉得怎麼搞的，卻會在一瞬間從溫馴變成猛獸，毫無預警的就把人咬下去。媽媽、太太、小孩、鄰居、員工全都被咬過。

旁人搞不懂牠的行為模式，我也搞不懂。但我卻覺得我「了解」。就好像我們養育小孩，如果小孩反過來羞辱父母，甚至砍殺父母，那肯定是父母的錯。人會被狗咬，那也肯定是人的錯。就好像我們去爬山遇到颱風，發生山難死了人，那也肯定不會是山的錯、颱風的錯。是彼此相待的那個「對的」相應之道沒有被建立起來。

我很喜歡我回家的時候，牠會奔向門口，歡迎我回家。

我也很喜歡我工作的時候，牠就趴在旁邊，陪伴我工作。

我開車的時候，牠就站在駕駛座旁，與我相同視線的並肩向前。

我更喜歡看著牠在禁山玩水，滿山遍野的快樂奔跑。

曾經因為山後人家跟蹤到家裡，說牠一個月咬死了他家養

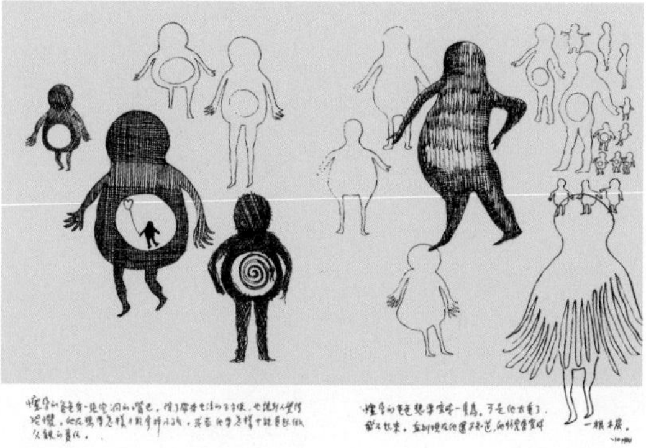

懷孕的爸爸有一張空洞的嘴巴。除了帶來生活的不方便，也讓別人覺得恐懼。
他在想要怎樣才能拿掉小孩。或者他要怎樣才能負起做父親的責任。

懷孕的爸爸想要變成一隻鳥。可是他太重了，飛不起來。
直到現在他還不知道，他終究會變成一根木炭。

的七隻雞，如果他放捕獸夾……我只好把狗綁起來。可是這樣一來，牠就無法奔向家門迎接我回家，而且我就必須成為一個遛狗人。牠也總是乞求我解開牠。所以後來我就又放了牠自由，如果他因此變成瘸腿的狗……。上帝保佑牠不要去偷雞不要遇到捕獸夾。

真希望牠可以是我的狗。

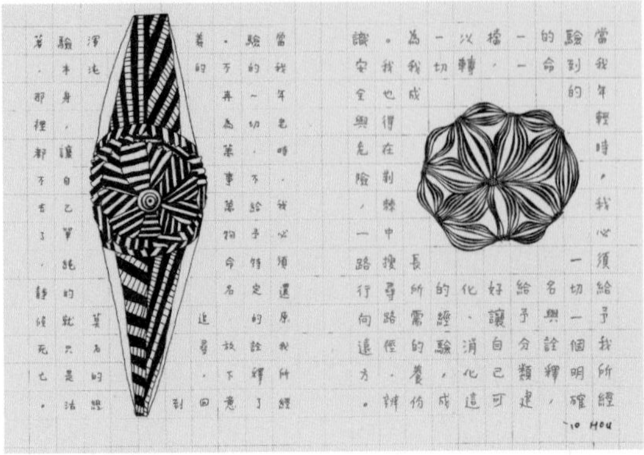

當我年輕時，我必須給予我所經驗到的一切，一個明確的命名與詮釋，給予分類建檔，好讓自己可以轉化、消化這一切的經驗，成為我成長所需的養分。我也得在荊棘中搜尋路徑，辨識安全與危險，一路行向遠方。

當我年老時，我必須還原我所經驗的一切，不給予特定的詮釋了。不再為萬事萬物命名，放下意義的追尋。回到渾沌莫名的經驗本身，讓自己單純的就只是活著，哪裡都不去了，靜候死亡。

從眾是一件快樂的事

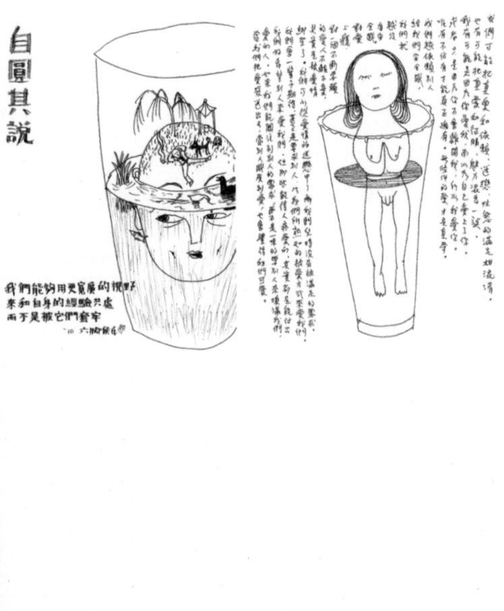

我們可能把真愛和依賴、迷戀、性慾的滿足相混淆。也有可能把真愛和征服、魅力混為一談。

我有可能因為你愛我，而以為自己愛上了你。

或者只是因為你不會離開我，所以我愛你。

唯有不佔有才能真正擁有。無條件的愛才是真愛。

我們越依賴別人給我們安全感，我們就越沒有安全感。對愛上癮。

對一個不斷耍賴的愛人不離不棄，其實是被愛情綁架了。

我們可以從愛情的迷戀中了解我們兒時沒有被滿足的需求。我們會一輩子期待，甚至是要求別人，以我們所熟知的被愛方式來愛我們。

我們好希望別人來愛我們。但那些能得人疼愛的，其實都是能付出愛的人。如果我們能關注到別人的需求，而不是一味的要求別人來填滿我們，當我們把愛發送出去，當別人感受到愛，也會覺得我們可愛。

有一棵長在曠野的大樹，根著大地。從大地得到充分的養分與支持。但是他沒辦法像絕大多數的動物那樣自由移動。連走動都不行了更何況是飛翔。雖然他是一棵高大的樹，在他的枝椏之上已經可以看到相當遠的村莊了。但他仍覺得他的視界有限，他很想知道在河的盡頭，在山的另一邊會有什麼他所不知道的經歷。

在山神的允諾下，大樹所有的葉子都化成了眼睛，當秋風吹起，葉子眼睛都從大樹上脫落，隨著秋風被吹向很遠很遠的遠方。葉子眼睛被吹向河的盡頭、山的另一邊，看盡了不同的風光。但當秋風停歇，葉子眼睛也就飄落了，落在河的盡頭、山的另一邊，落到泥土裡，再也沒有回到大樹上，讓大樹知道它們看到了什麼。於是大樹又再長出新的葉子，在秋天變成眼睛飛去遠方。一年又一年，大樹越來越老，而葉子眼睛也始終一去不返，沒有人回頭來告訴老樹遠方的故事。

信念是一棵種子。超凡入聖後回歸塵俗。撫慰了我們疲憊的心。一切事物的發生都不是意外與巧合。上天的禮物送給有心迎向燦爛曙光的人。不妨找個安靜的空間進入心靈運作的法則。世人都因為被催眠而阻礙了生命潛能。直到最終才豁然開朗。這或許正是心念創造了外在現實。名氣是心靈毒藥，讓我們上癮，讓我們永遠渴望。有些跋扈的父母是一片好意。有些父母純粹就是跋扈。雖然很難找到真憑實據，但夢想不會消失。一旦要說自己的好話時，卻是困難重重。幾乎在每個團體裡，都能找到狂人的蹤影。權力是他們的主食。用全副精力打擊成員的創造力。渴望休息是很正常的。成長是詭異的前進運動——前進兩步退一步。做一件讓自己覺得沒有安全感的事。當初最排斥的人，完成後收穫最多。

魚可以是一朵移動的花。
花可以是一隻不動的蝴蝶。
蝴蝶可以是一朵正在飄走的雲。
雲可以是一張表情怪異的臉。
臉可以是一張通行証。
通行証可以是一把鑰匙。
鑰匙可以是一種允諾。
允諾可以是打開的雙腿。
雙腿可以是致命的吸引力。
吸引力可以是一道香氣。
香氣可以是一種邀請。
邀請可以是一個眼神。
眼神可以是一隻游動的魚。
魚可以是一個自由的旅行家

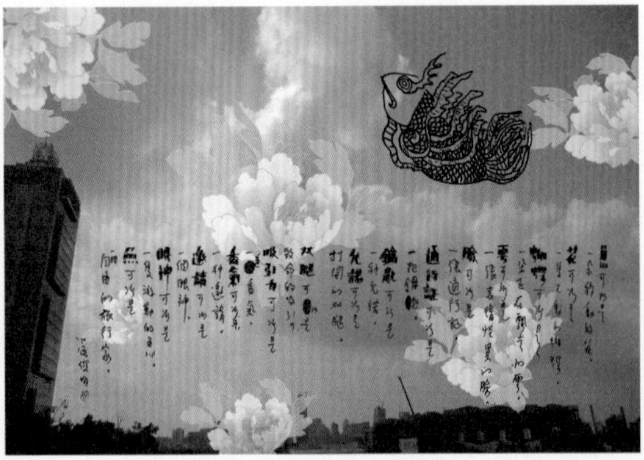

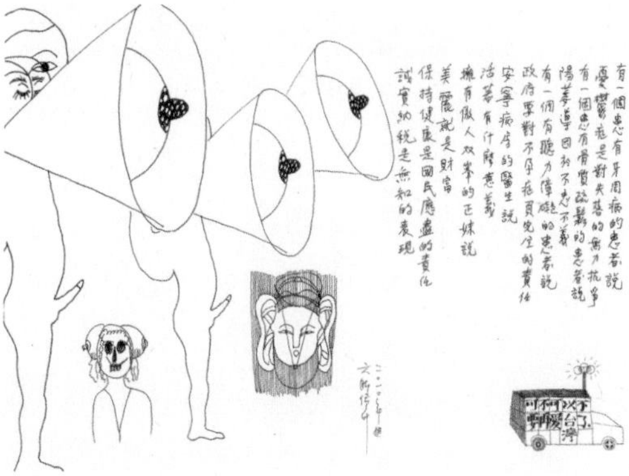

有一個患有牙周病的患者說
憂鬱症是對失落的無力抗爭
有一個患有骨質疏鬆的患者說
陽萎導因於不忠不義
有一個有聽力障礙的患者說
政府要對不孕症負完全的責任
安寧病房的醫生說
活著有什麼意義
擁有傲人雙峰的正妹說
美麗就是財富
保持健康是國民應盡的責任
誠實納稅是無知的表現

可不可以不要再愛台灣了。

安全降落不是優先選項

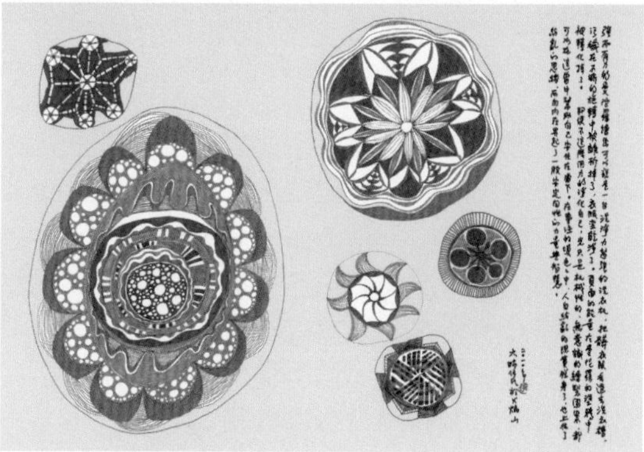

強而有力的曼陀羅繪畫可以說是一台洗淨力超強的洗衣機，把髒衣服丟進去洗衣槽，污穢在不斷的旋轉中被離析掉了，衣服變乾淨了。負面的能量在曼陀羅的塗鴉中被轉化掉了。

即使不這麼用力的淨化自己，光只是機械性的、無意識的繪製圖案，都可以在這當中幫助自己安住在當下。在專注的填色之中，人自紛亂的現實脫身了，也止住了紛亂的思緒，而自內在昇起了一股安定自性的力量與智慧。

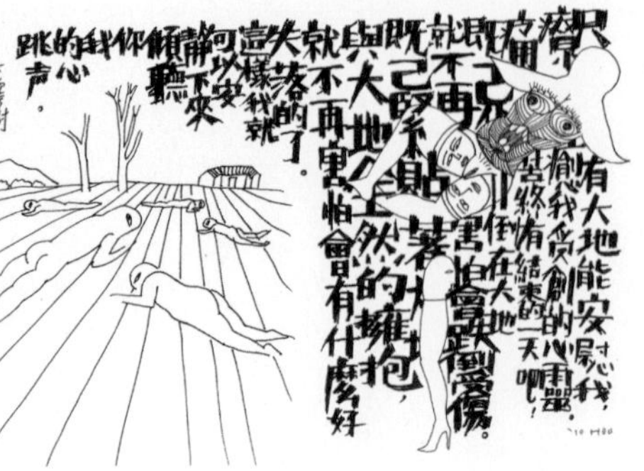

大地能安慰我，
療癒我受創的心靈。
痛苦終有結束的一天吧！
既已仆倒在大地
就不再害怕會跌倒受傷。
既已緊貼著大地
與大地全然的擁抱，
就不再害怕會有什麼好失落的了。
這樣我就可以安靜下來
傾聽你我的心跳聲。

跟慾望搏鬥是一種病

罪該萬死

即使劈腿被抓，也一定要相信自己是清白的。
說真的，我們不可能做出自己明知不對的事。
即使抓姦在床，鐵證如山。
我們一定要原諒自己，不要跟自己過意不去。
我們之所以會做出傷天害理的事，
是因為萬般無奈，情不得已。
千萬的錯，都不是我們的錯。
不要把自己當成罪人。
尤其是罪該萬死的人，一定要學會原諒自己。

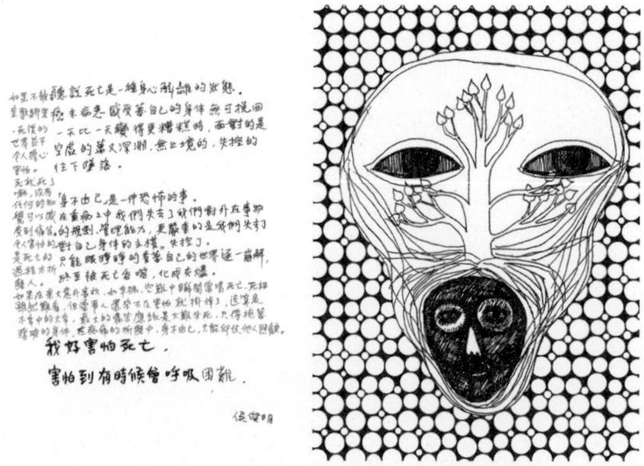

聽說死亡是一種身心解離的狀態。
癌末病患感受著自己的身體無可挽回一天比一天變得更糟糕時，面對的是空虛的萬丈深淵、無止境的、失控的往下墜落。

「身不由己」是一件恐怖的事。
在重病之中我們失去了我們對外在事物的規劃、管理能力，更嚴重的是我們失去了對自己身體的主權。失控了。
只能眼睜睜的看著自己的世界逐一崩解，終至被死亡吞噬，化成灰燼。

如果不被宗教綁架，死後的世界並不令人擔心害怕。
死就死了嘛，沒有任何的知覺可以感受到痛苦。
令人害怕的是死亡的過程太折磨人。
如果在重大意外事故，如車禍、空難中瞬間當場死亡，死相雖然難看，但當事人還來不及害怕就掛掉了，這算是中的大幸。
最大的痛苦應該是大難未死，只得拖著殘破的身體，在病痛的折磨中，身不由己，只能仰仗他人照顧。

我好害怕死亡，
害怕到有時候會呼吸困難。

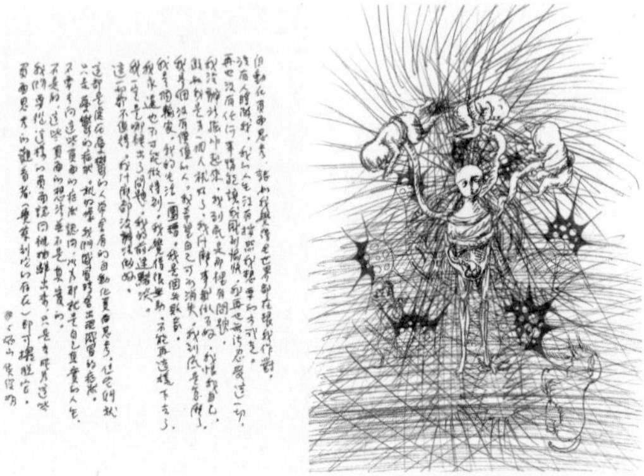

自動化負面思考，諸如我覺得全世界都在跟我做對。沒有人瞭解我。我的人生沒有按照我想要的方式走。再也沒有任何事情能讓我感到愉快。我再也無法忍受這一切。我沒辦法振作起來。我到底是哪裡有問題。假如我是另一個人就好了。我什麼事都做不好。我恨我自己。我是個沒有價值的人。我希望自己可以消失。我到底是怎麼了。我是個輸家。我的生活一團糟。我是個失敗者。我永遠也不可能做得到。我覺得很無助。不能再這樣下去了。我一定是哪裡出了問題。我的前途黯淡。這一切都不值得。我什麼都沒辦法做好。

這都是處在憂鬱的人常會有的自動化負面思考。但它們就只是憂鬱的症狀。就好像我們感冒時會出現感冒的症狀。不要去向這些負面的症狀認同，以為那就是自己真實的人生。不是的，這些負面的想法並不是真實的。我們要從這樣的負面認同裡抽離出來，只是去成為這些負面思考的觀看者（覺察到它的存在）即可擺脫它。

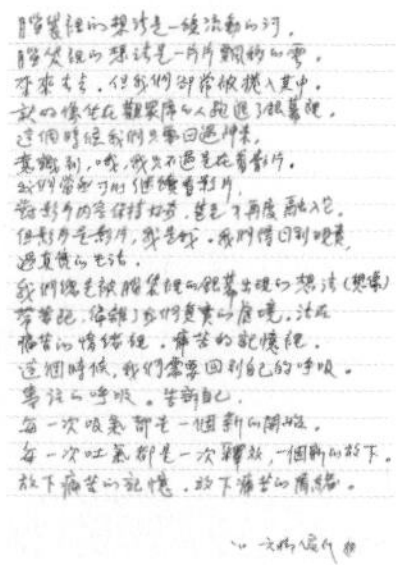

腦袋裡的想法是一條流動的河。
腦袋裡的想是一片片飄移的雲。
來來去去。但我們卻常被捲入其中。
就好像坐在觀眾席的人跑進了銀幕裡。
這個時候我們只需回過神來，
意識到，哦，我只不過是在看影片。
我們當然可以繼續看影片，
對影片內容保持好奇，甚至又再度融入它。
但影片是影片，我是我。我們得回到現實，
過真實的生活。
我們總是被腦袋裡的銀幕出現的想法（想像）
帶著跑，偏離了我們真實的處境，活在
痛苦的情緒裡。痛苦的記憶裡。
這個時候，我們需要回到自己的呼吸。
專注的呼吸。告訴自己，
每一次吸氣都是一個新的開始。
每一次吐氣都是一次釋放，一個新的放下。
放下痛苦的記憶。放下痛苦的情緒。

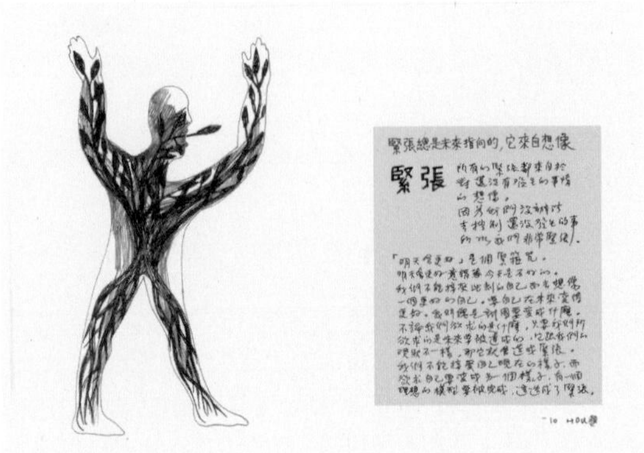

緊張總是未來指向的，它來自想像

緊張　所有的緊張來自於對還沒有發生的事情的想像。
　　　因為我們沒辦法去控制還沒發生的事所以我們非常
　　　緊張。

「明天會更好」是個緊箍咒。
明天會更好意謂著今天是不好的。
我們不能接受此刻的自己而去想像一個更好的自己。要自己在未來變得更好。我們總是試圖要變成什麼。
不論我們欲求的是什麼，只要我們所欲求的是未來要被達成的，它跟我們的現狀不一樣，那它就會造成緊張。
我們不能接受自己現在的樣子，而欲求自己要變成另一個樣子，有一個理想的模型要被完成，這造成了緊張。

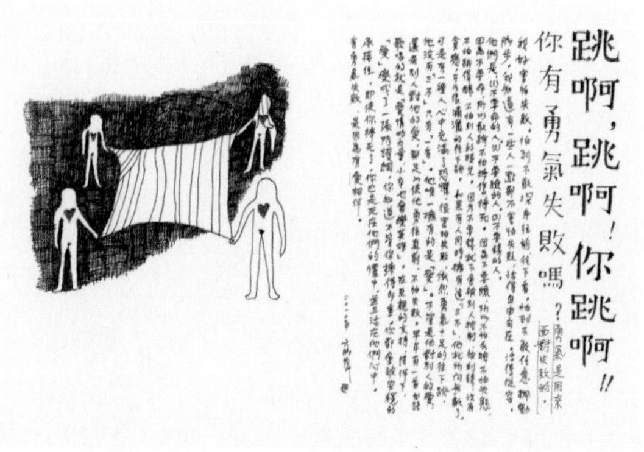

跳啊，跳啊！你跳啊！！

你有勇氣失敗嗎？

勇氣是用來
面對失敗的。

我好害怕失敗。怕到不敢探身往前、往下看。怕到不敢任意挪動腳步。
我知道有一些人一點都不害怕失敗，活得自由自在。活得從容。
他們是：(1)不要命的人。(2)不要臉的人。(3)不要錢的人。
因為不要命，所以敢跳，不怕摔傷摔死。因為不要臉，所以不怕丟臉，
不怕失態，不怕跳得醜，不怕別人的眼光。
因為不要錢，就不會被別人控制、被利誘，沒有貪戀，可以很瀟灑的往下跳。
如果有人同時擁有這「三不」，他就所向無敵了。

可是有一種人心中充滿了恐懼，很害怕失敗，依然勇氣十足的往下跳，
他沒有「三不」只有「一有」。他唯一擁有的是「愛」。
不管是他對別人的愛，還是別人對他的愛，都足以使他勇往直前，不怕失敗。
早年有一首台語歌唱的就是「愛情的力量，小卒也會變英雄」。
在至親的支持、陪伴下，「愛」變成了一張防護網，你知道不管你摔的多重，
你都會被安穩的承接住。
即使你摔死了，你也是死在他們的懷中，並且活在他們心中。

有勇氣失敗，是因為有愛相伴。

其實什麼都看不到，而且，也沒什麼好看的，但就是好想看，一直都好想看。

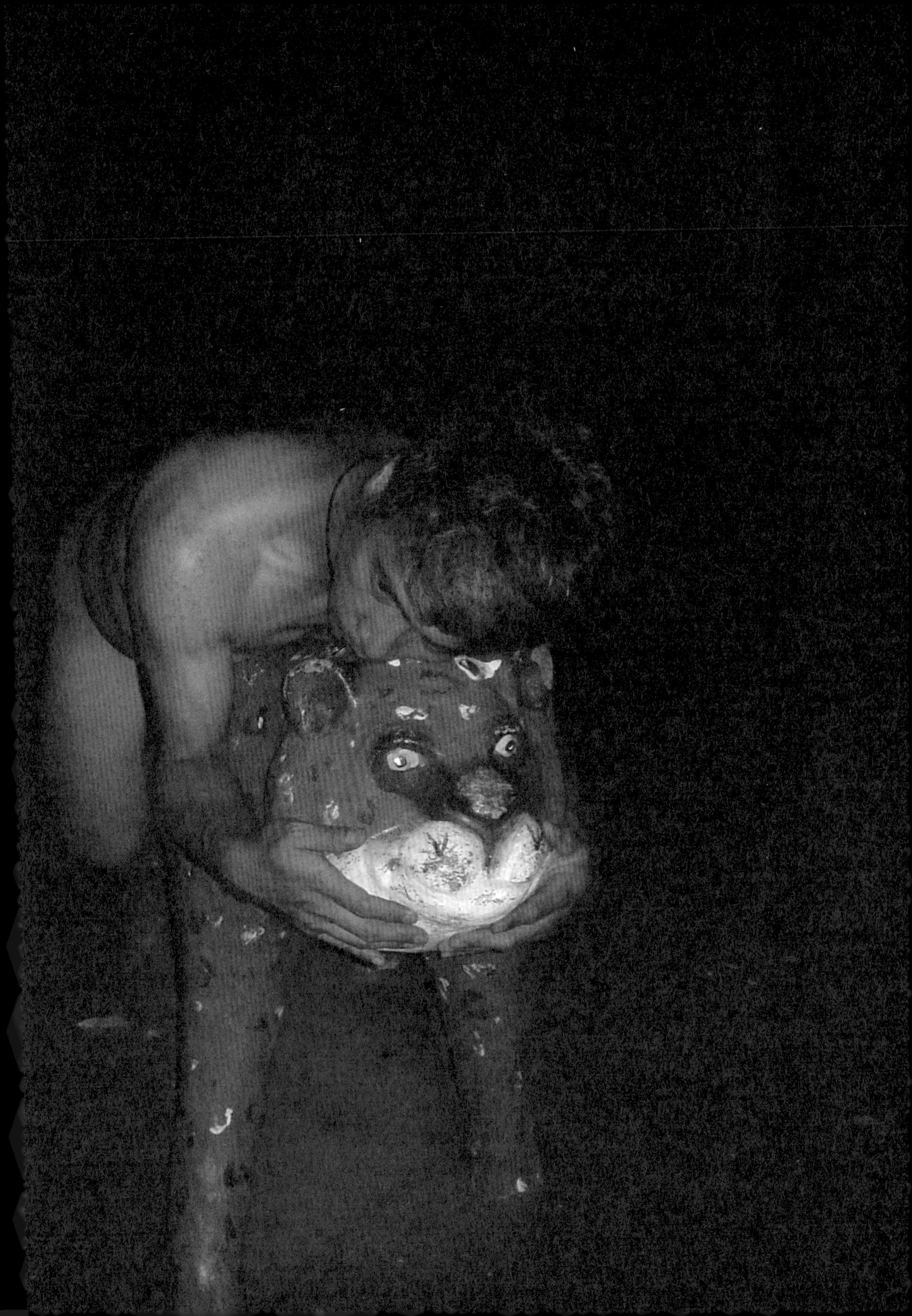

我的狗了解我

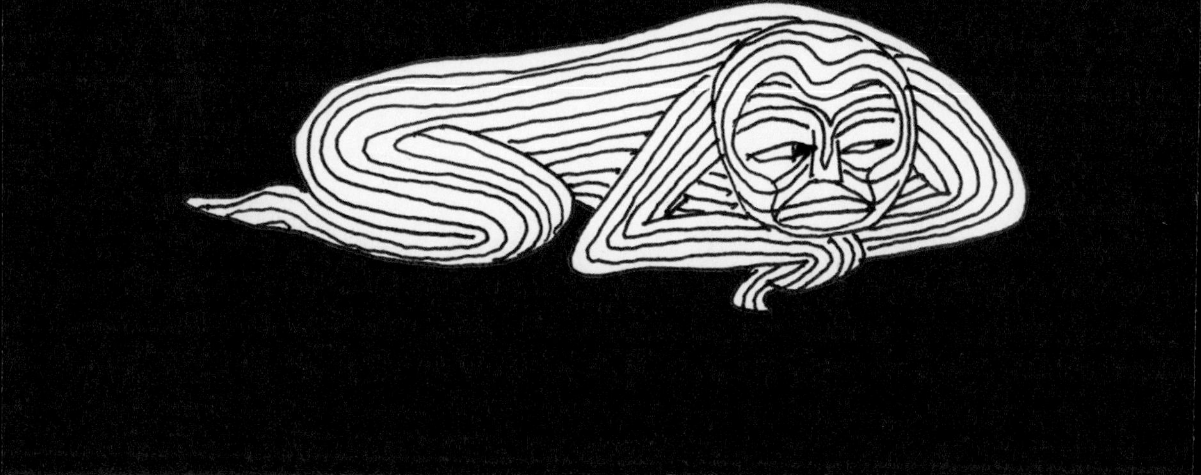

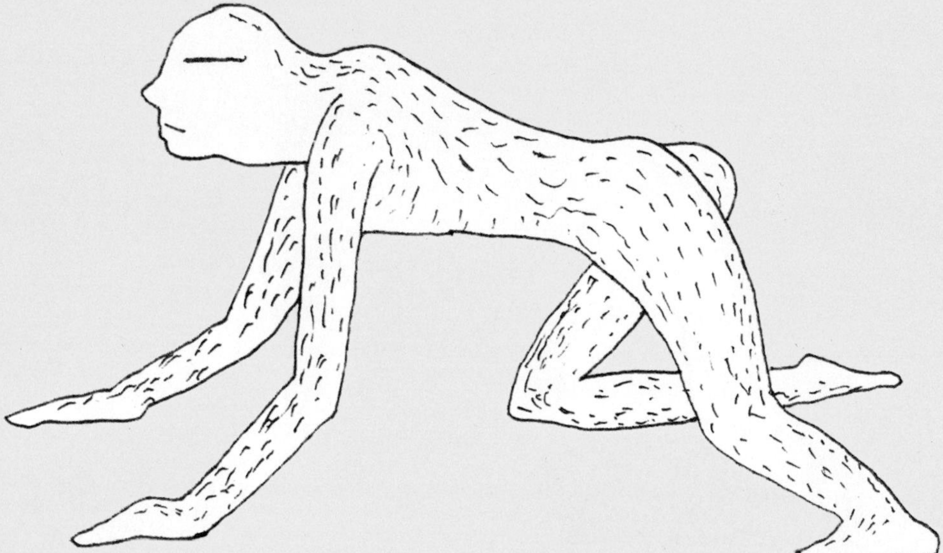

我的狗認得出我來

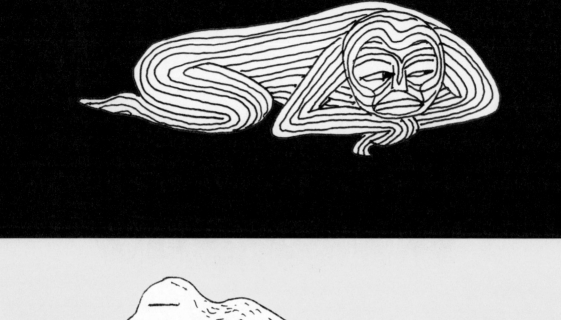

我有一隻狗，但牠其實不是我的狗，是牠突然闖進我的生命裡來。
在我五十歲生日之際，不知是從那來的狗，就自行在苑裡家待了下來。
我有一隻狗，但牠其實不是我的狗。我不是牠年幼印記中的主人，而且
在我搬上台北之後，我就得把牠送走了，我不想成為一個都會裡的遛狗男。
但我其實很不願意把牠送走。因為牠就是我。只是我是人身，牠是狗身。
如果我化身為狗，大概就是牠這個樣子。牠的人際關係很不好，不與人溝通，
牠看起來很溫和，但不曉得怎麼搞的，卻會在一瞬間從溫馴變成猛獸，
毫無預警的就把人咬下去。媽媽、太太、小孩、鄰居、員工全都被咬過。旁人搞不懂牠的
行為模式，我也搞不懂。但我卻覺得我「了解」。就好像我們養育小孩，如果
小孩反過來羞辱父母，甚至砍殺父母，那肯定是父母的錯。人會被狗咬，那也
肯定是人的錯。就好像我們去爬山遇到颱風，發生山難死了人，那也肯定
不會是山的錯、颱風的錯。是彼此相待的那個「對的」相應之道沒有被建立起來。

我很喜歡我回家的時候牠會奔向門口，歡迎我回家。
我也很喜歡我工作的時候牠就趴在旁邊，陪伴我工作。我開車的時候牠就
站在駕駛座旁，與我相同視線的並肩向前。
我更喜歡看著牠在禁山玩水，滿山遍野的快樂奔跑。

曾經因為山後人家跟蹤到家裡說牠一個月咬死了他家養的七隻雞，如果他放捕獸夾……
我只好把狗綁起來。可是這樣一來，牠就無法奔向家門迎接我回家，而且我就必
須成為一個遛狗人。牠也總是乞求我解開牠。所以後來我就又放了牠自由，如果
牠因此變成瘸腿的狗……上帝保佑牠不要去偷雞，不要遇到捕獸夾。

真希望牠可以是我的狗。

文卿信代於火焰山邊

所有可以躺下的，都是床。
但我只能站。
雖然我很累了，
因為，我是樹！

坐上船
我就可以移動了
但是漂泊
二〇一〇年 六腳侯樹

回家的路

为什麼你會要求有一條安全回家的路？
为什麼回家的路會是危險的？

因为你去了不該去的地方。
因为你把家建構在危險的地方。

六脈侯作
二〇一〇 侯

無家可歸

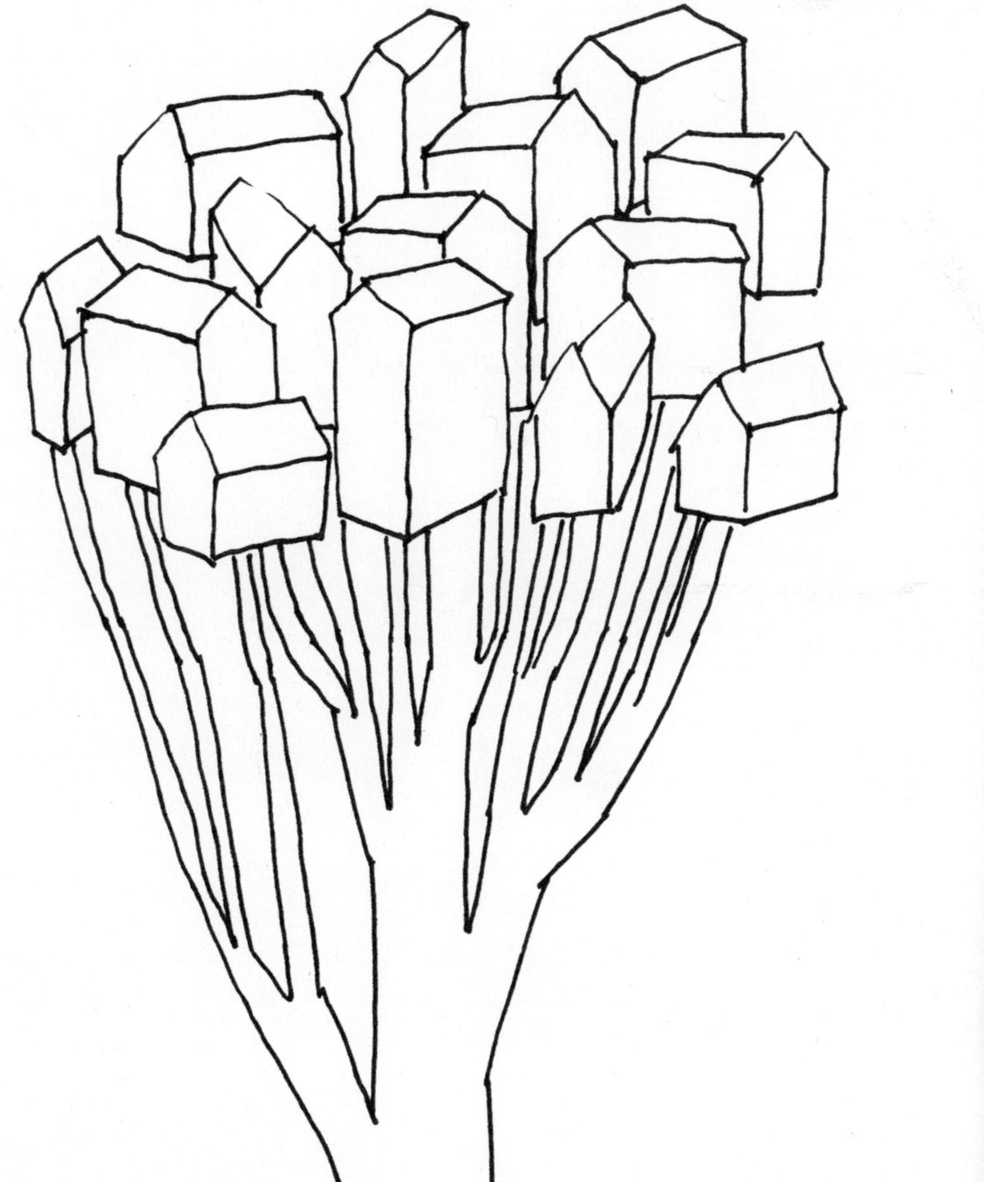

懷孕的爸爸想要变成一隻鳥。可是他太重了，飛不起來。直到現在他還不知道，他終究會变成一根木炭。

~10 HOU

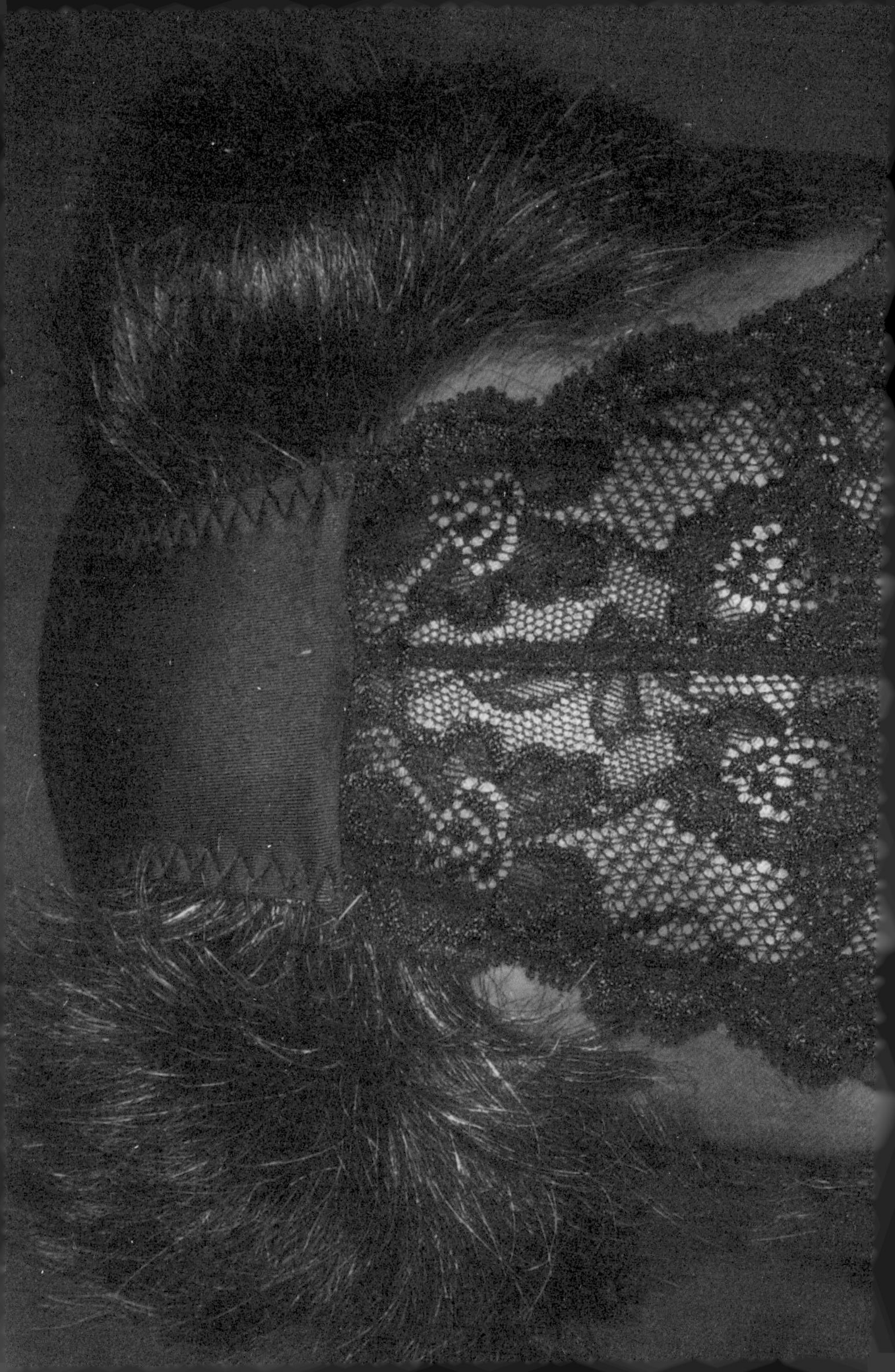

我很慶幸我是一個藝術家，可以在創作中創造性的滿足慾望、轉化慾望，理直氣壯的把自己塑造成為一個變態的人。從社會常規裡逃逸。

所有的慾望、痛苦與快樂都是真實的

但

它同時也只是一個表演。（別太入戲喔）

梵山 侯 2013 仲夏 寫於山腳農舍

⑭

哈哈哈　我是遛鳥俠。但是我不用冒著被追捕的危險去做這件蠢事。

在我的創作裡確實有一種被窺視或者暴露的快感，一種帶著不安的快感。

我很喜歡趁著夜晚，光著身子在院子裡澆花，雖然很確定半夜不會有人跑到這荒郊野外來，但也會擔心被撞見。如果真的被撞見了，還是會很尷尬。可是處在那害怕與安全的臨界邊緣，很令人興奮。

~~精神上的暴露與肉體的暴露很不一樣~~。

~~(情感、情緒的)~~

我們的外在行為遠比我們所認知到的還要愚蠢。所以我們做奸犯科總是會被逮到。

我們的內在自我卻遠比我們所認知到的還要狡猾。它很會閃躲、變裝逃逸。

所以我們的自我暴露其實並沒有那麼真的暴露了自我。

我們在剝洋蔥，剝到這一層，它就逃到另一層去了。

尤其是以創作所進行的自我揭露，在虛實交錯的掩護中它就更安全了。

自我揭露就像是在剝洋蔥，
你以為是這樣的時候，再往下一層看其實不是，繼續往下，又是另一回事。
自我揭露本來就一層一層的，沒有一個真正的樣貌。
到底哪一層才是真正的這個洋蔥？
沒有。
沒有哪一層是，也沒有哪一層不是。

說不準的。沒有人可以準確地說出自己是誰。~~更別說是要呈現出真實的自我。因為沒有真實的自我可以被呈現。~~

⑬

我們無時無刻不被觀看。(舉頭三尺有神明!)好恐怖 所以我們隨時隨地都在表演。
連我們自己獨處時,我們也持續地進行著自我表演,以符合自我的期待。否則我們會潰散不成人形。

雖然我被認為是一個自我揭露很強的創作者,大家看到我很真誠的在揭露我自己。
可是 我也是一個表演者,我篩選了我所呈現的面向。
或許你在我作品中看到的是一個色情狂,變態的阿林,
但那不是我生命的全部樣貌。你也別因為有這樣的落差,認為我欺騙了你。
沒有,沒有,我沒有騙你。
那個變態的阿林是我本人,那個淋漓盡致在奮鬥的少年郎也是我本人。

我們很難從經典電影裡再吸收到養分。
因為它已經完美的被完成了，你無法再為它增刪什麼，
你只能被它征服。

可是如果我們去看不成熟的、失敗的作品，它可以刺激我們去思考，它怎麼了？
因為它夠爛，破綻百出，有很大的改造空間，可以讓我們拿它來當習題。
不要跟別人一樣，只是隨口罵一聲「爛」，然後就走出電影院。太可惜了。
你要設想，如果我自己來拍這部片子，我會怎麼拍？
你要設法把它救回來。~~電影是一個綜合藝術，這是一個激發創造力的很好的練習~~。
那是一個激發創造力的很好練習。

其實，不只是看電影，我連看京劇都會帶著筆記本，在漆黑中快速書寫。

你可以為了讓自己融入潮流，
去看叫好又叫座的電影，跟大家擁有共同的記憶與話題。
不管你喜不喜歡，一定要去看海角七號、阿凡達、少年Pi……。
因為它已經被塑造成一個時代的氛圍，
你要進到這個氛圍裡，與它共振，
去看看別人到底在感動些什麼。

(12)

去看電影吧！而且是要去看很爛的電影。

懷孕的爸爸有一張空洞的嘴巴。除了帶來生活的不方便，也讓別人覺得恐懼。他在想要怎樣才能拿掉小孩。或者他要怎樣才能負起做父親的責任。

她，是個貼心的人。輕聲地抗議，卻迴盪許久。

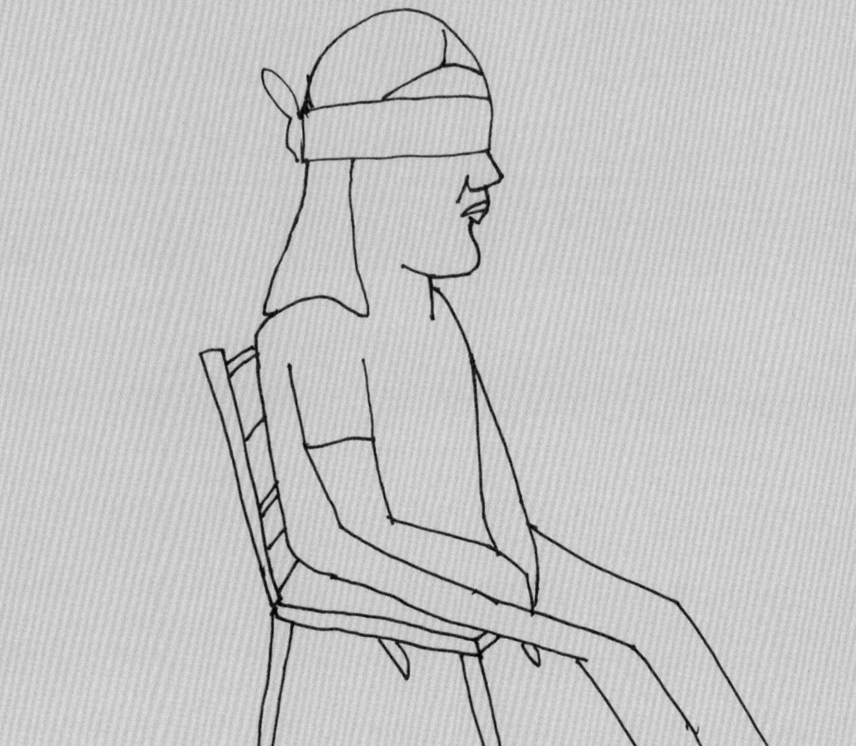

我們可能把真愛和依賴、迷戀、性慾的滿足相混淆。
也有可能把真愛和征服、魅力混為一談。
我有可能是因為你愛我，而以為自己愛上了你。
或者只是因為你不會離開我，所以我愛你。
唯有不佔有才能真正擁有。無條件的愛才是真愛。

我們越依賴別人給我們安全感，我們就越沒有安全感。

對愛上癮，對一個不斷要賴的愛人不離不棄，其實是被愛情綁架了。我們可以從愛情的迷戀中了解我們兒時沒有被滿足的需求。

我們會一輩子期待，甚至是要求別人，以我們所熟知的被愛方式來愛我們。

我們好希望別人來愛我們，但那些能得人疼愛的，其實都是能付出愛的人。如果我們能關注到別人的需求，而不是一味的要別人來填滿我們，當我們把愛發送出去，當別人感受到愛，也會覺得我們可愛。

自圓其說

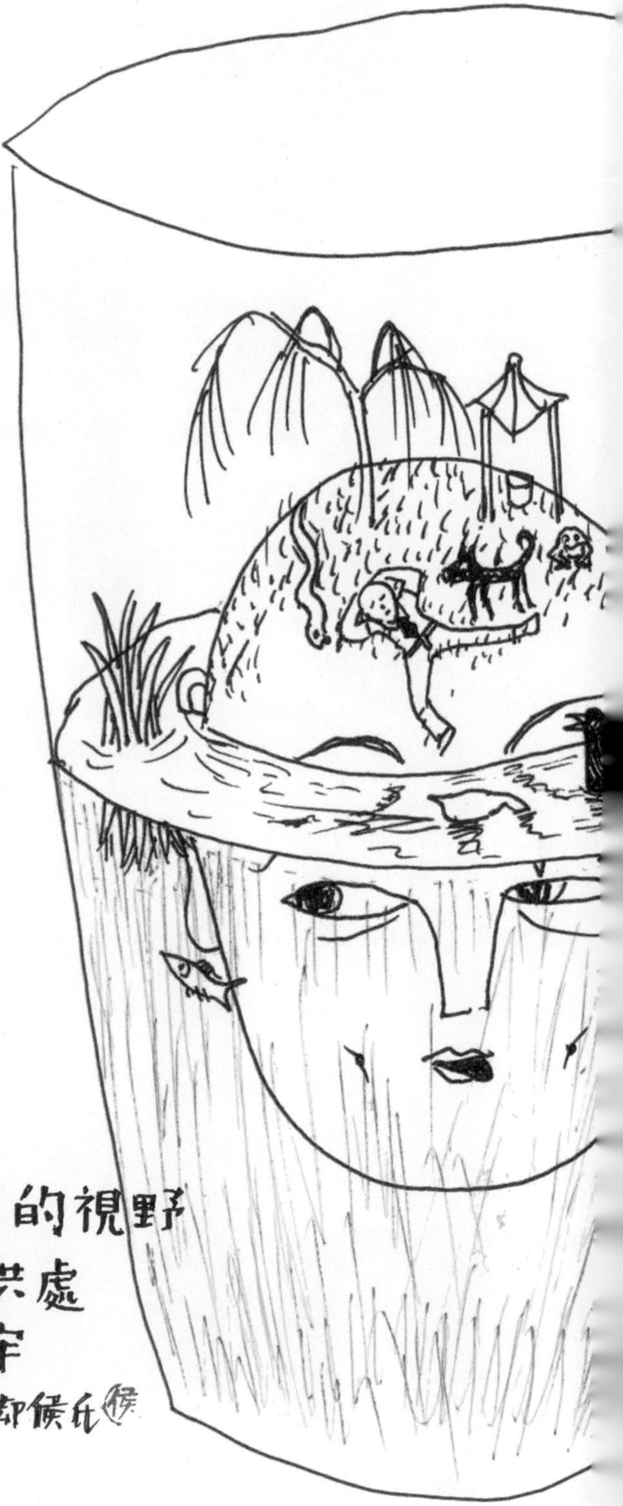

我們能夠用更寬廣的視野
來和自身的經驗共處
而不是被它們套牢

'10 六腳侯氏

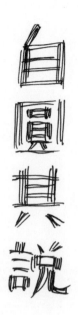

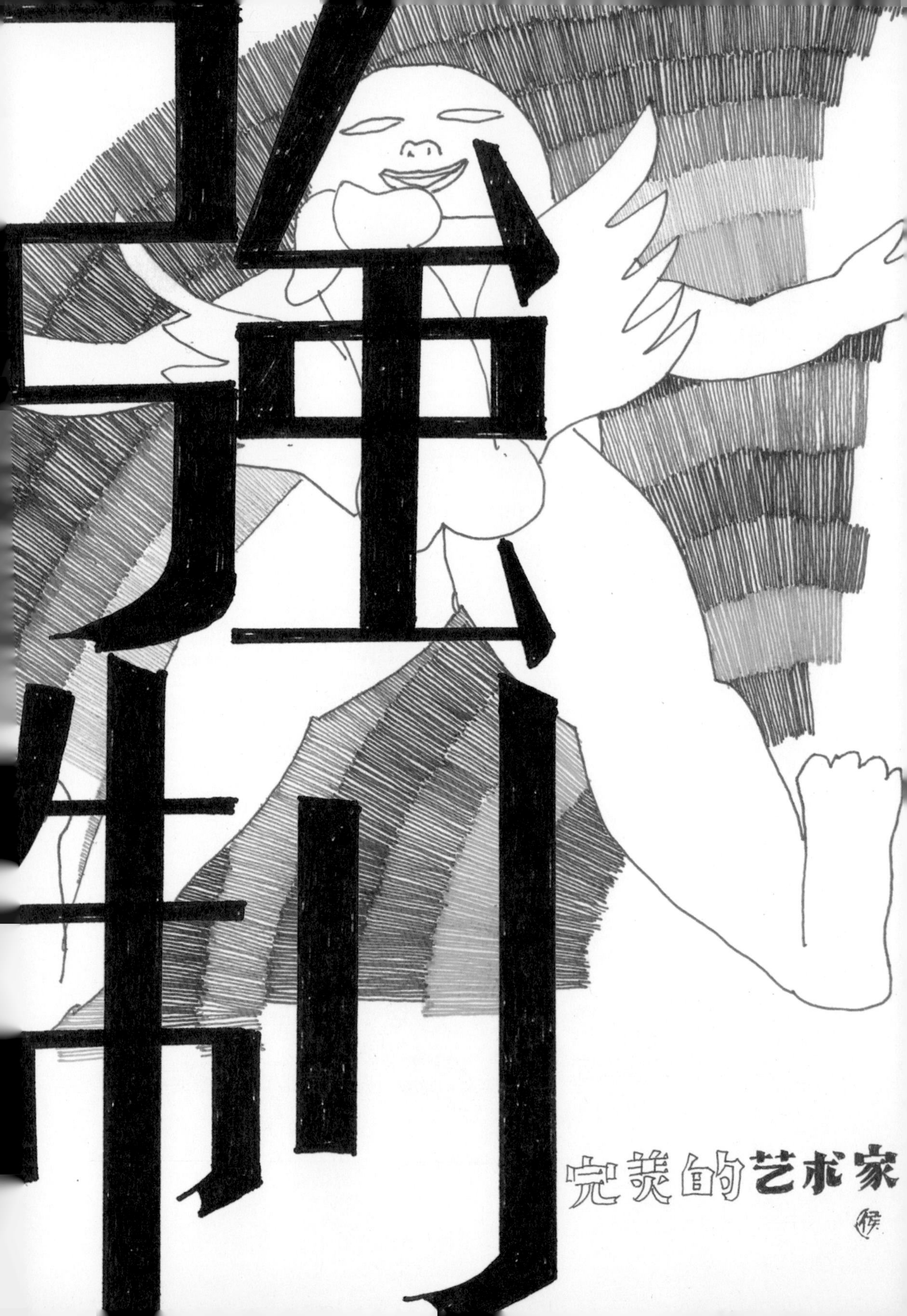
強制
完美的艺术家

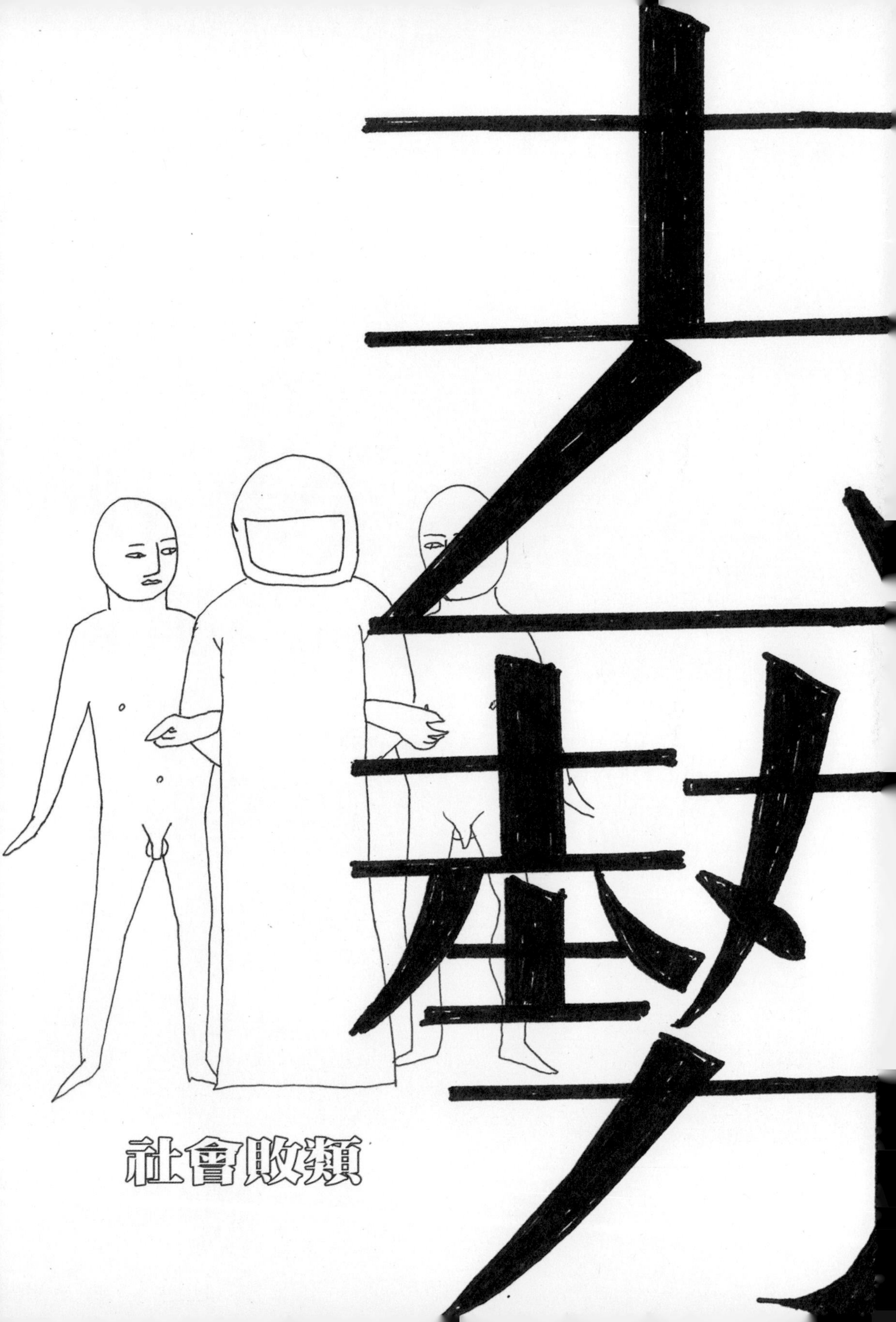

社會敗類

愛情騙子
如果你無法愛你自己
你怎麼能夠期待任何人來愛你

差勁的愛人

~~一個缺少性愛的女人 不可能有智慧 也不可能長得漂亮 她的人生將只是一個錯誤~~ 她害怕進入親密關係 因為要敞開自己去和另一個人進行性行為是一件高度危險的事 我們有可能在愛裡喪失了自我 手無寸鐵 光溜溜 變得很愚蠢 被騙被背叛了甚至無所覺察 最後一無所有 所以無論如何我們都得密實的偽裝 保護好我們自己

10 (侯)
[illegible]

~~沒~~

~~因為有翅膀所以不能往下跳~~

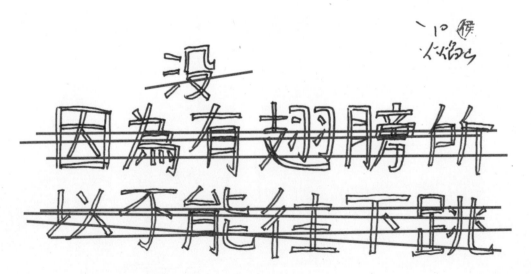

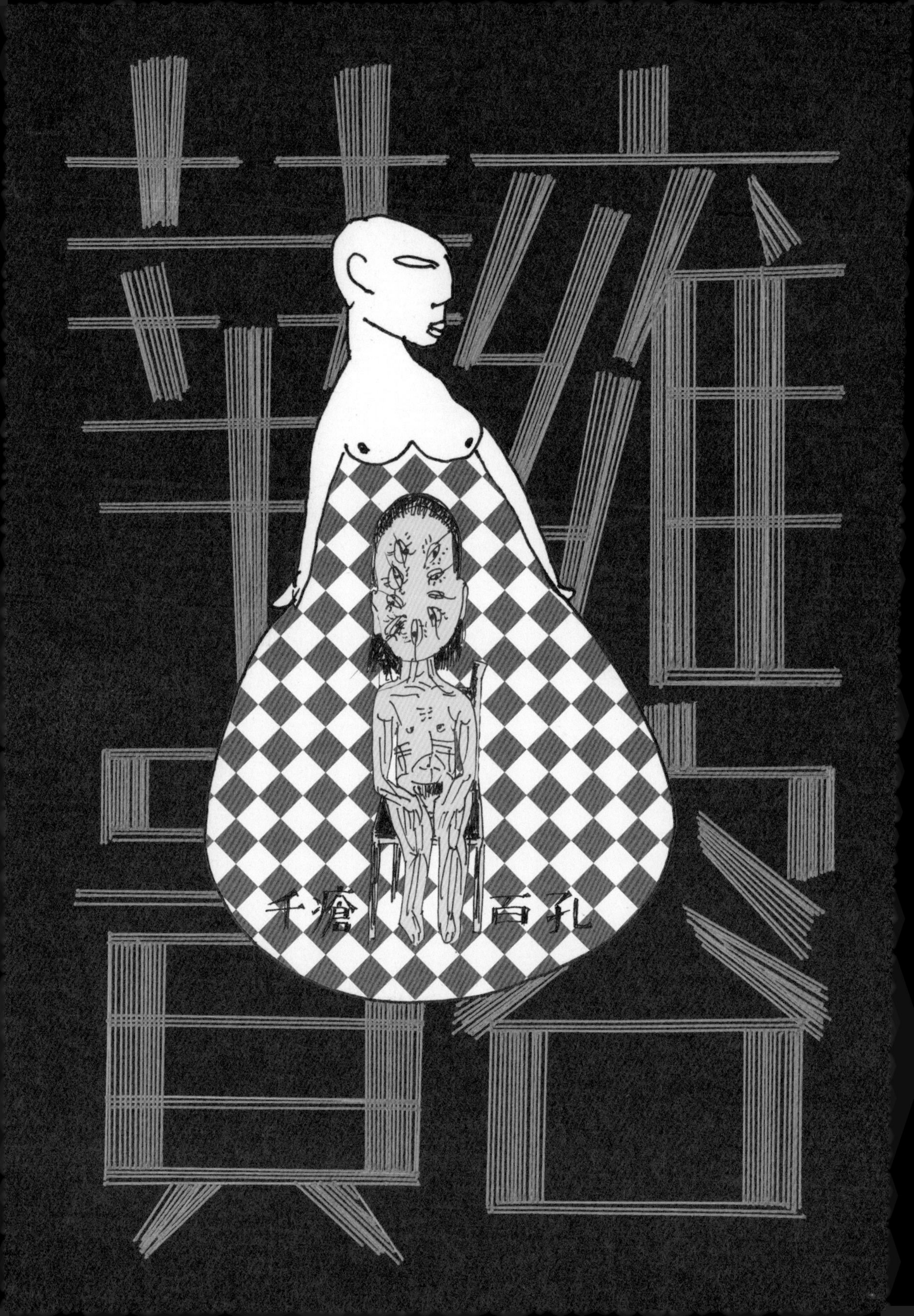
千瘡 百孔

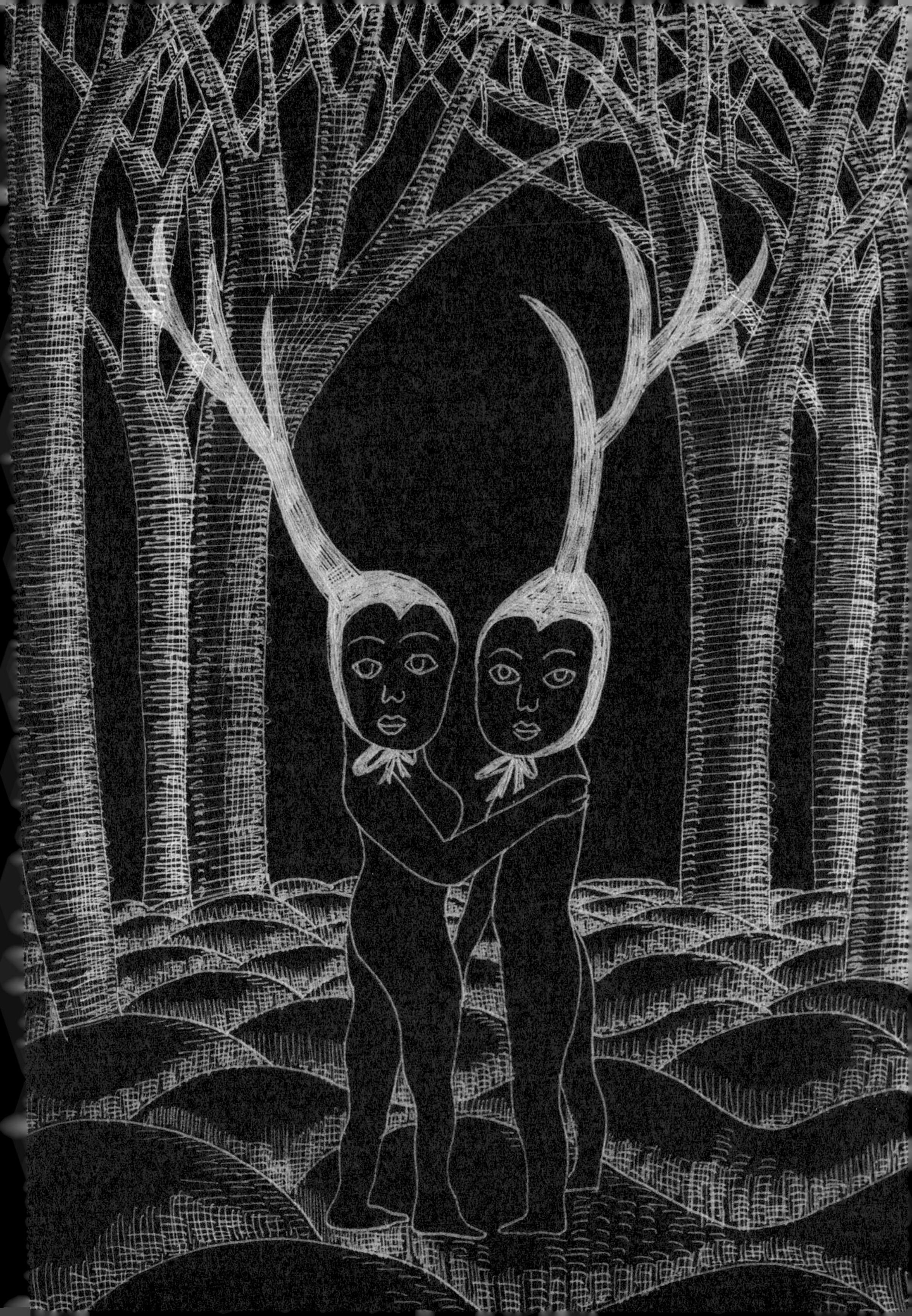

恐怖的白馬王子來了

~Io Hou

猜猜我有多愛你

天鵝覇凌

弱勢的人走到那裡都是弱勢。
談判仍不脫其弱肉強食的暴力本質。
'10 Hou

⑪

提問，

提問，是當代藝術最重要的存在意義。藝術家就是那個提問者。

成功的藝術家不會只是一個提問者，他還是個遊戲規則的改寫者。

質疑既存事物，衝撞界線，給予重新定義。

~~也~~藝術家~~也~~是個巫師、乩童。

跟巫師一樣，藝術家把尋常事物焠取轉化，點石成金的意義。

跟巫師一樣，藝術家也是個訊息的傳遞者，一個通道，

天地間隱微未顯的訊息藉由藝術家這個巫身，被創作被彰顯出來，帶來「天啓」。

巫師使用符咒，~~進行著~~召喚著鬼神。

藝術家也運用著符號，召喚著人們共同的渴望、共同的情感印記。

我在創作的時候也會穿上女性內褲——蕾絲邊內褲。

它很像是我的道袍。
在這樣不尋常的裝扮中，我告訴我自己~~我是男人~~。
我有異於常人的生殖繁衍能力，我就要孕育生出東西來了，趕快給我畫筆！

我的創作大都跟情慾有關，
在創作中穿上蕾絲邊內褲，也會讓我的身体處於情慾的、性感的狀態。
透過跟自己身体的強力連結，產生創造力。

⑩

佛要金裝 人要衣裝，尤其是要創作的時候。

有些日本女孩需要提振自信心時，
要去面試，談判時，
會刻意穿上自己選定的 特別能與自己聯結的
內衣褲。
她們說是「戰鬥內衣」。一種自我增強的貼身物

國際會議是很野蠻的。沒有國家武力、經濟實力做為談判籌碼，也就無所謂公平與正義。

從眾，是一件快樂的事。

當傻瓜比較幸福。

完全不知道自己
被騙的人，
就完全沒有
被騙的問題。

一直擔心自己
會不會被騙的人，
在衝突矛盾之中
一直在內耗自己。
即使他沒有被騙，
但他已經付出了
極高的代價。
損失慘重。

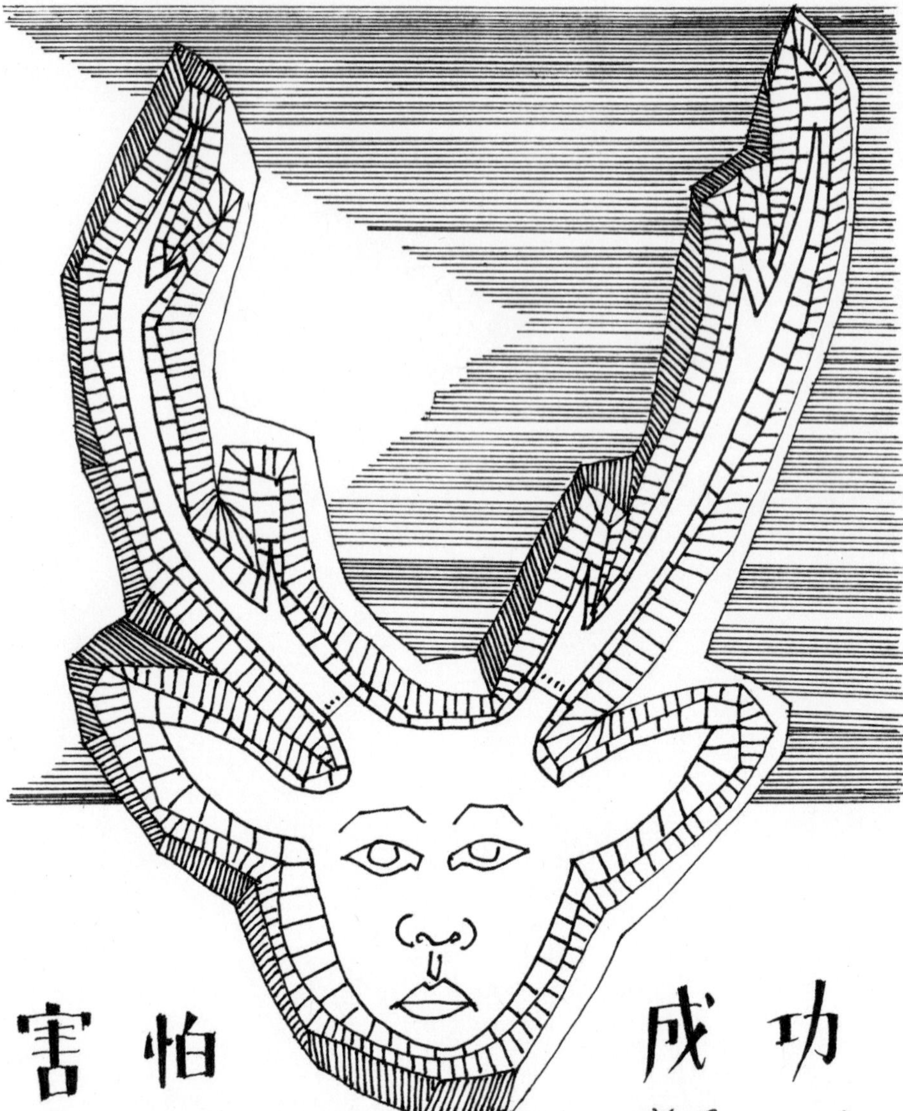

害怕成功

可是有很多人卻害怕成功。以為自己變得成功時，別人就會有所損失，因此自己阻止自己成功。

不成功的人普遍有的恐懼是，他們認為一旦成功，他們就會失去某些重要的事物，可能是婚姻、健康、友誼與自由。如果成功會使我們失去這麼多，我們當然會害怕成功、不願意成功，選擇成為失敗者。

成功者

當我們以人形之姿出現在這生命長河裡時，一開始我們就是個成功者了，因為我們是由獲勝的精子力爭上游和卵子締結而成的。我們本來就已經是個獲勝者了。一開始就贏得競賽了。我們可以很有自信的告訴自己：我是成功者。 HOU

H因為母親曾經是
上流社會的女傭
H小時候跟著母親
窺視到上流社會的生活
所以下定決心要過上流社會的生活
最後達成了願望
如果H沒有窺視上流社會的机會
恐怕連這樣的願望
都無法產生

六那信代
二〇一〇年
侯

窺視慾
但就是好想看，一直都好想看。 '10 HOU

面對未知，我們需要一個能夠守護
我們創作的人。
告訴他，我們現在正要閉關進入煉丹室了。
如果發生了什麼狀況，
請他在外面支援，
拉你一把，把你拉出來。

能在創作中被守護，是難得的幸福。

前陣子，我每天寫信給朋友，來轉化創作焦慮。
它成了我的創作儀式。
每一天我一進工作室就開始寫信，要離開時再寫一封。
寫信不是立即性的人際互動。不會干擾你需要蓄積的
創作能量。它其實是一種自我對話、自我承諾。
如果沒有做承諾，在面對未知時，會很想逃的。
一旦寫信給了承諾，就得努力兌現。
兌現了，再寫一封信回報，快樂的離開工作室。

我的藥方是聽朋友講讚美的話。

年輕的時候，我會固定在深夜與清晨打電話給兩位女性朋友，
在絕望看不到未來的日子裡，她們對我才華的肯定與讚美，
讓我可以一天一天的活下來，創作出精采的作品。

婚後，與男性友人吃飯，在開玩笑中化解焦慮。

但玩笑一開，創作能量也跟著一起被打散、打亂了。
雖不焦慮了，但創作所需的內在張力與神聖性也被稀釋掉了。

有了孩子，我靠著在花園拔草來轉移焦慮。

畫畫到一個段落，拔草正好可以讓眼睛休息、鬆開身体，放空腦袋。
而且很神奇的是，照顧花草好像也照顧到了自己。內外同時運作著。
而且看到自己照顧的花草盛開，會很有成就感的轉身回到自己的創作。

⑨

創作面對的是未知。很焦慮的。

你不知道你接下來要面對的會是什麼。

你不知道你是不是可以像昨天一樣寫出有趣的東西。

創作有點像男性的性能力，

你不知道你等一下要上床時，會不會勃起，會不會早洩。

好焦慮。

你不知道自己下一刻是不是還一樣勇猛。

而這勇猛與否又不是自己可以主控的。

所以有的藝術家會抽烟酗酒吸毒。一次又一次借助藥物，

讓自己在狂亂中保有創造力。好大的代價。

別人稱讚我「堅持創作」，我也只能冒汗。

不是的，我根本不想堅持。

我是無路可走，沒別的選擇。

⑧

很容易就被打擊到。

✗ 從小要畫嘛，以為自己很優秀，卻掌握不到考試竅門。
大學聯考的素描成績差到沒有任何學校可以唸。

剛退伍時，我好窮，窮到想用比賽拿獎金過活。卻一直落選。

✗ 我拿了我最得意的作品參加北美館的比賽，覺得自己一定會是那個第一名。
落選之後昏睡了一個月，完全被打趴了。（陰陽閱讀。我的）

✗ 現在大家認為很棒的《極樂圖懺》，當年拿去參加台北縣地方美展比賽，
初選就被淘汰了。

✗ 去年剛完成《附身符》，台北台中台南問了五間畫廊，居然都被拒絕了。
好想去跳海。

⑦ 父親，我當得很不稱職。老師，我做得很心虛。

但這都是圓滿的人生歷程必須去扮演的角色。角色。

如果不這麼做，自己會長不大，沒辦法從小男生變成真正的男人。

唯有在成為教導者的過程中生鮮的葡萄才能被轉化成濃郁的葡萄酒。

但要直接去當老師，是有礙是創作的。

你要教別人時，必須先把事情規則化、公式化，

並且要自己做榜樣。

做榜樣，就是要把自己綁死。

創作，很多時候是處在一個無法言說，做了才知道的狀態。

每次，當我要提供什麼建言給年輕創作者時，

我總是一邊說，一邊冒汗。呼——

還是單純的做個創作者就好了，免得誤人子弟，又綁了自己。

其實什麼都看不到，而且，其實也沒什麼好看的，

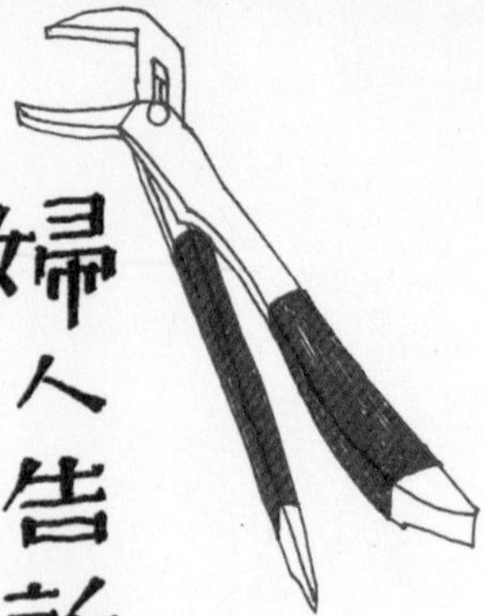

婦人告訴警方，丈夫強迫她，不穿內衣褲，
僅著性感薄紗，在風景區拍照，
並要求她對路人裸露私處給人窺看。
甚至要她在大賣場與人搭訕，合影。

地檢署主任檢察官指出，
丈夫脅迫妻子裸露私處給不特定人
欣賞，不僅觸犯公然猥褻罪，更因
使人行使無義務之事，構成強制罪；
若女方同意配合，則屬共犯。

侯吉諒

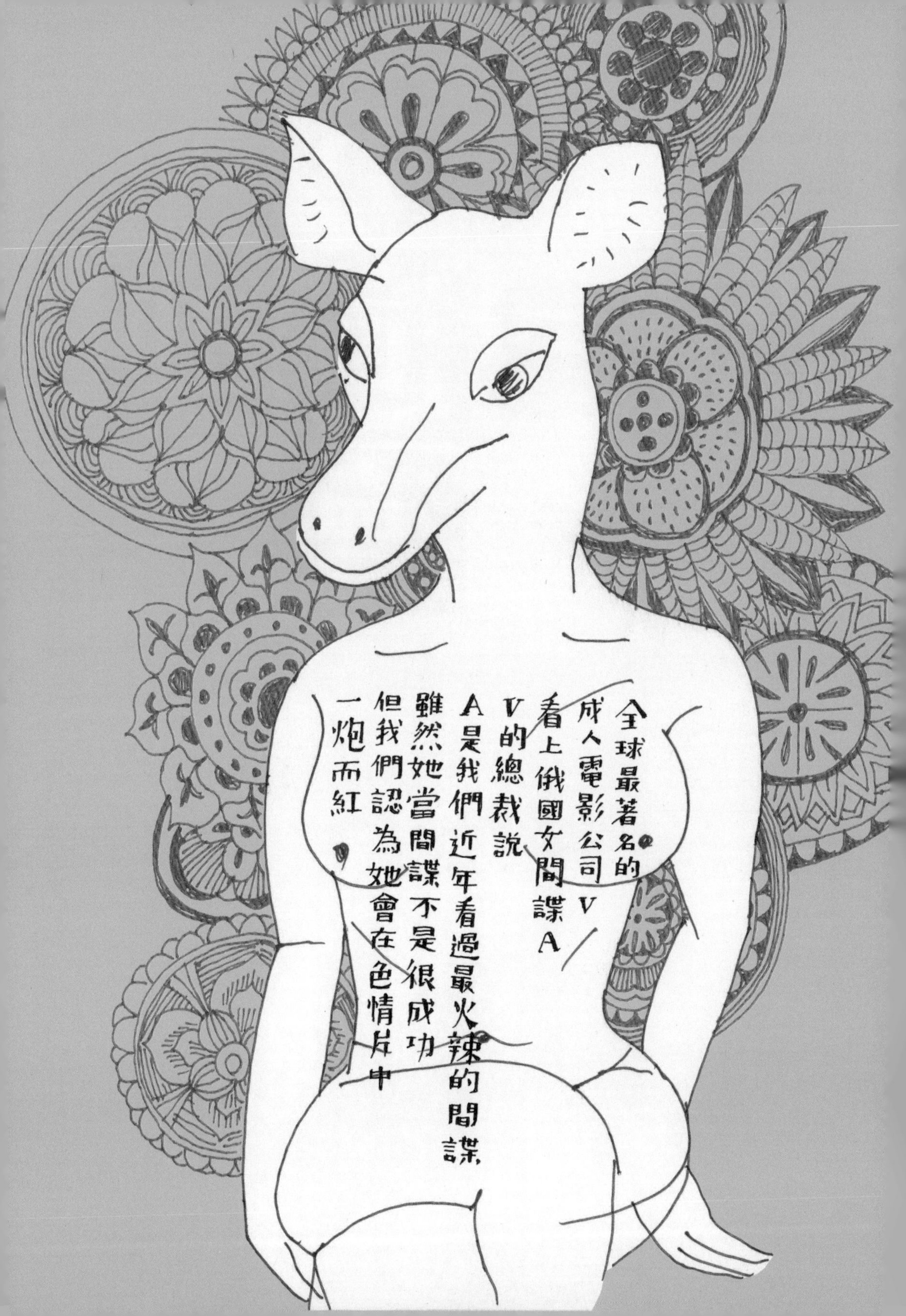
全球最著名的
成人電影公司V
看上俄國女間諜A
V的總裁說
A是我們近年看過最火辣的間諜
雖然她當間諜不是很成功
但我們認為她會在色情片中
一炮而紅

不

說三道四

道德

營繕企業股份有限公司出品

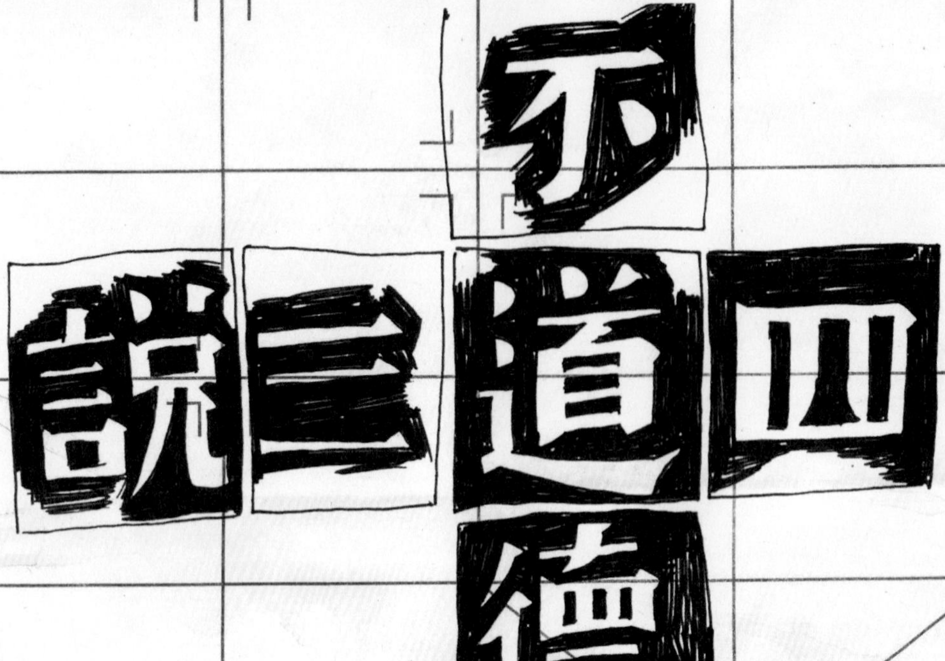

情義相挺
義無反顧
顧全大局
局外人
外強中乾

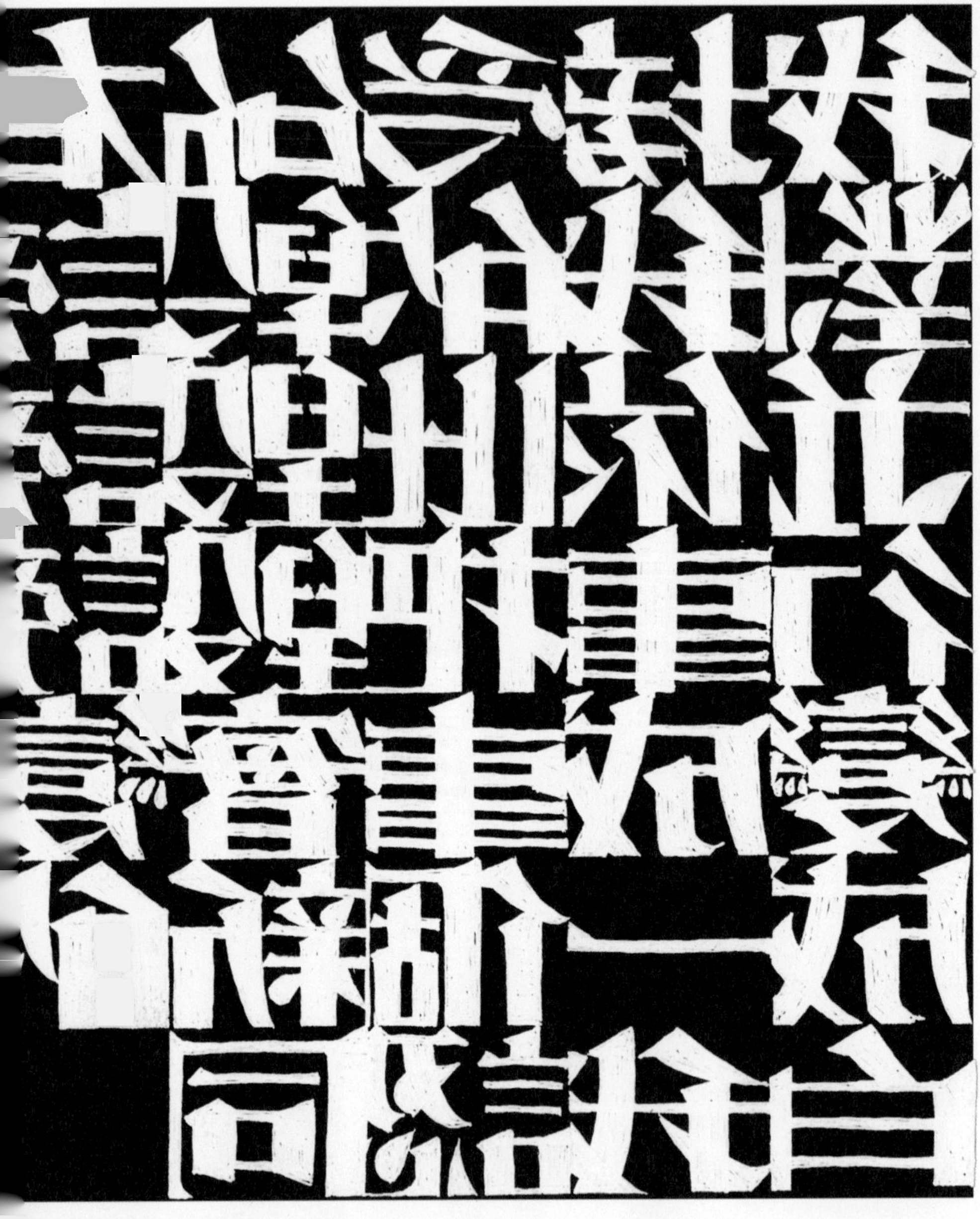

把毀謗變成事實　變成一個新的自我認同

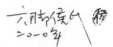

我接受所有對我的毀謗　並依此毀謗行事

part.4

從眾是一件快樂的事。

銅板輕鬆點
麥香雞
$39
$39
$39
$28
紅豆派
$28
蘋果派
$25
$28
$28
$25
$23
McDonald's

夜間22:00~04:00
大薯買1送1
營業時間
星期一至星期四 06:00 - 23:30
星期五至星期日 06:00 - 24:00

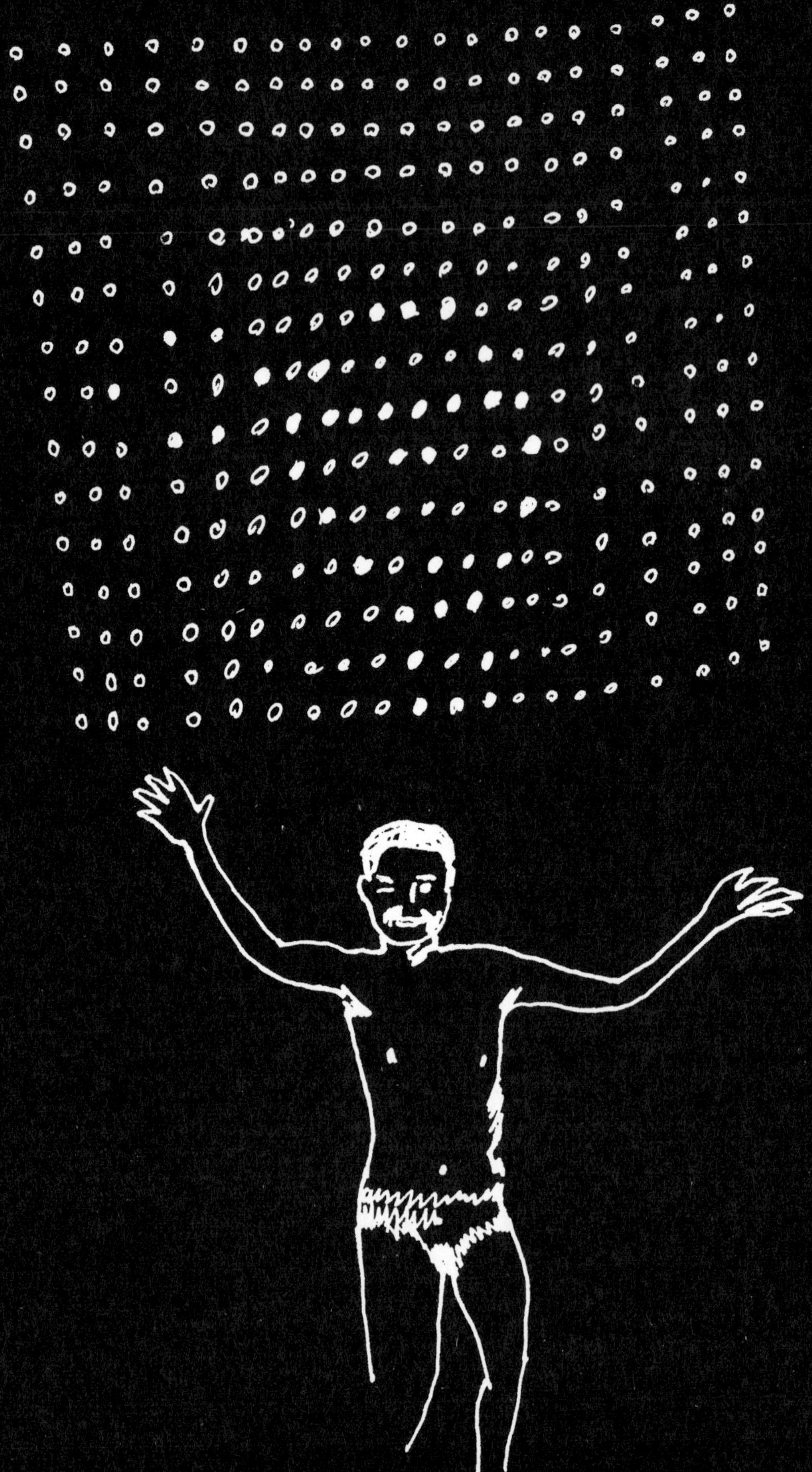

遇到校長躲起來 快樂寫在臉上

'10 Hou

前衛會在若干年後變成保守的傳統，非主流會變成主流。
搞怪的年輕小咖有可能在未來變成大師。
但如果市場不夠大是不可能有所謂的大師被創造出來。
當今的藝術就是時尚。時尚就是藝術。

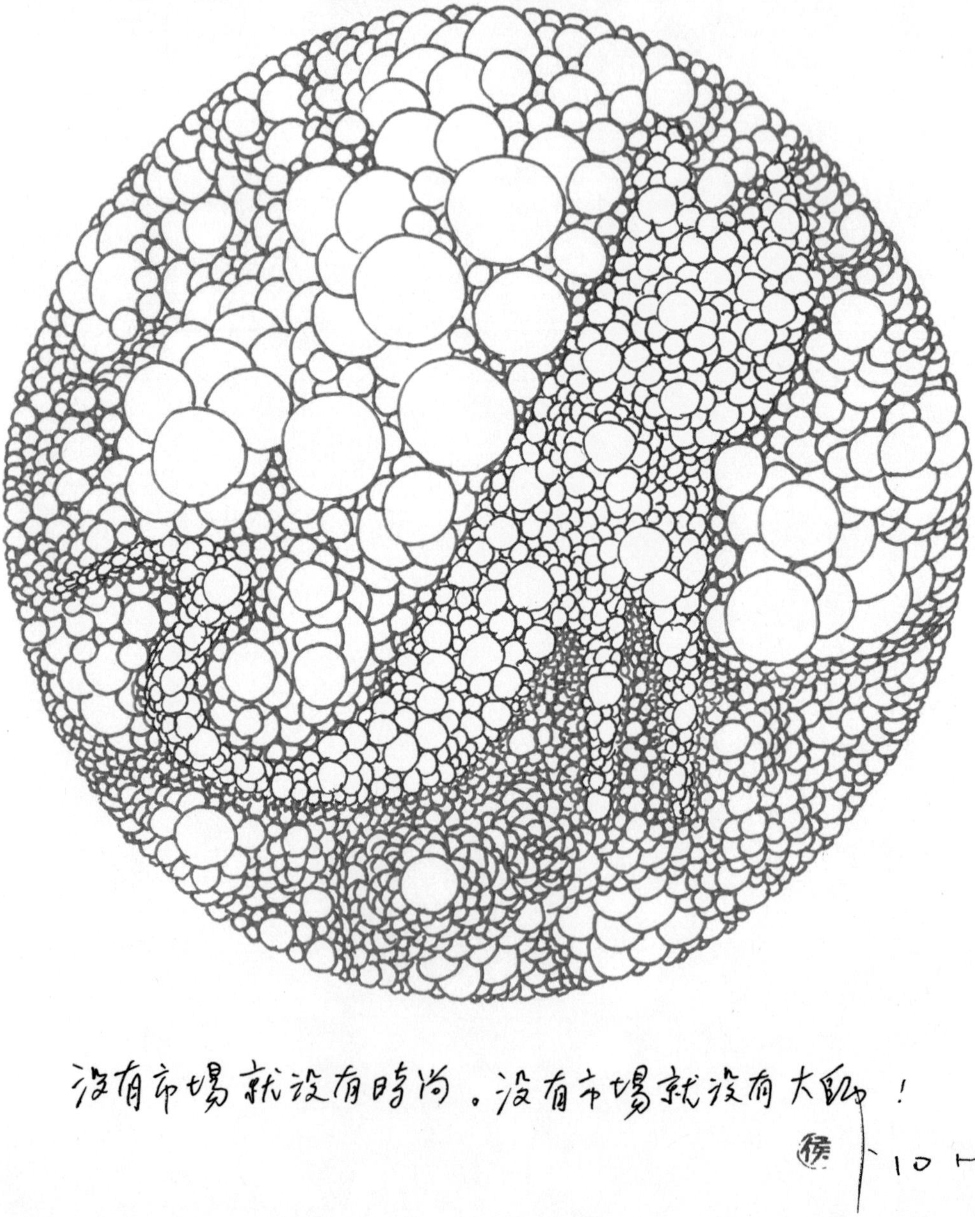

沒有市場就沒有時尚。沒有市場就沒有大師！

侯 '10 HOU

當下的驚嘆　成就未來的傳說

~~前瞻的眼光　蒐集年輕世代~~

~~國際推廣仍是大重點~~

~~拆開架式的經營模式~~

~~市場和學術共生~~

~~極致奢華的延續著傳統~~

~~快腳不停地体現時尚~~

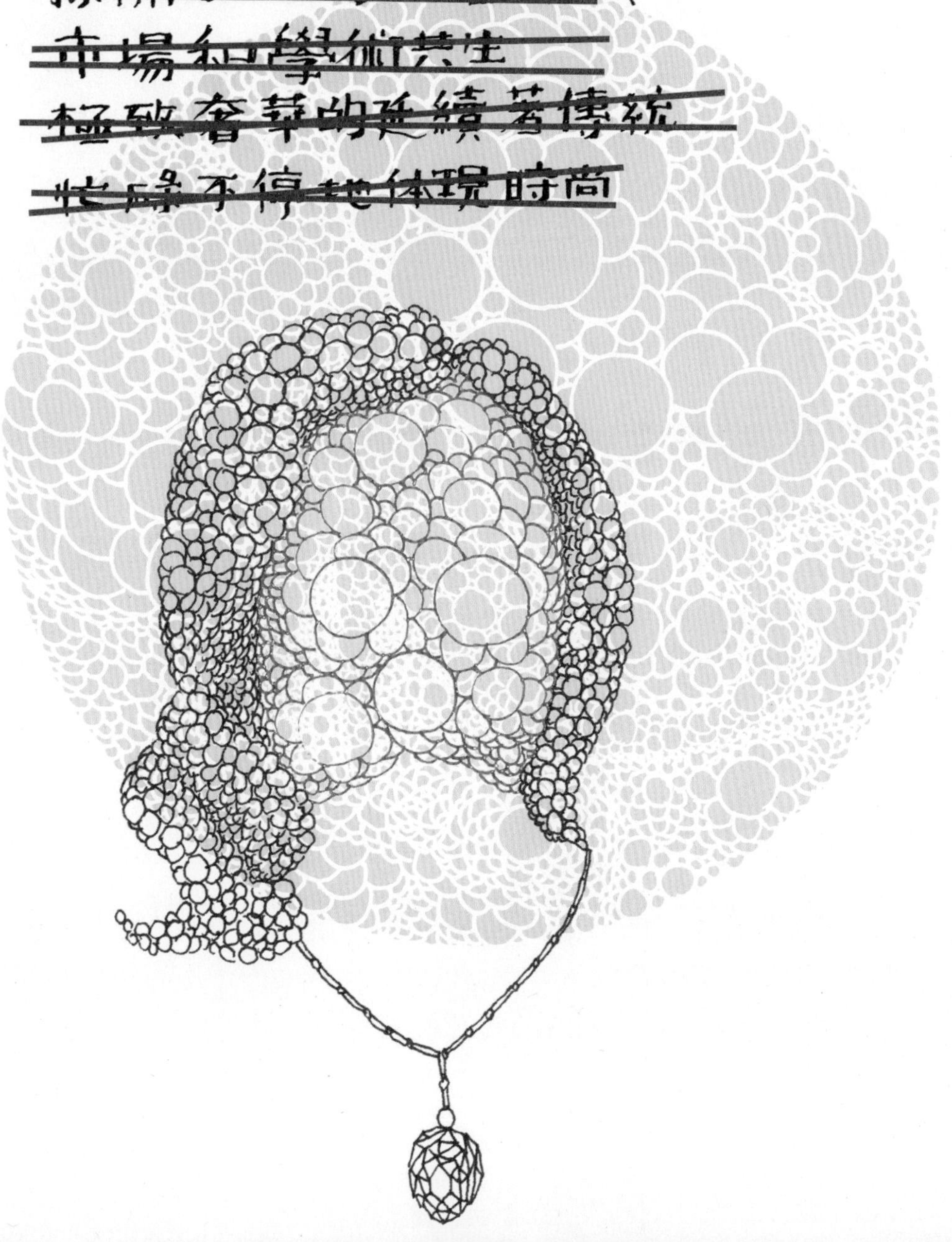

要診斷自己是不是有精神病，

夢是相當重要的指標。

而且夢也對精神病帶來療癒。

人做夢時，

潛意識便甦醒活躍起來，

也強化了自我，

不再逃避原本該面對的問題。

~10 HOU 侯

~10 HOU 侯

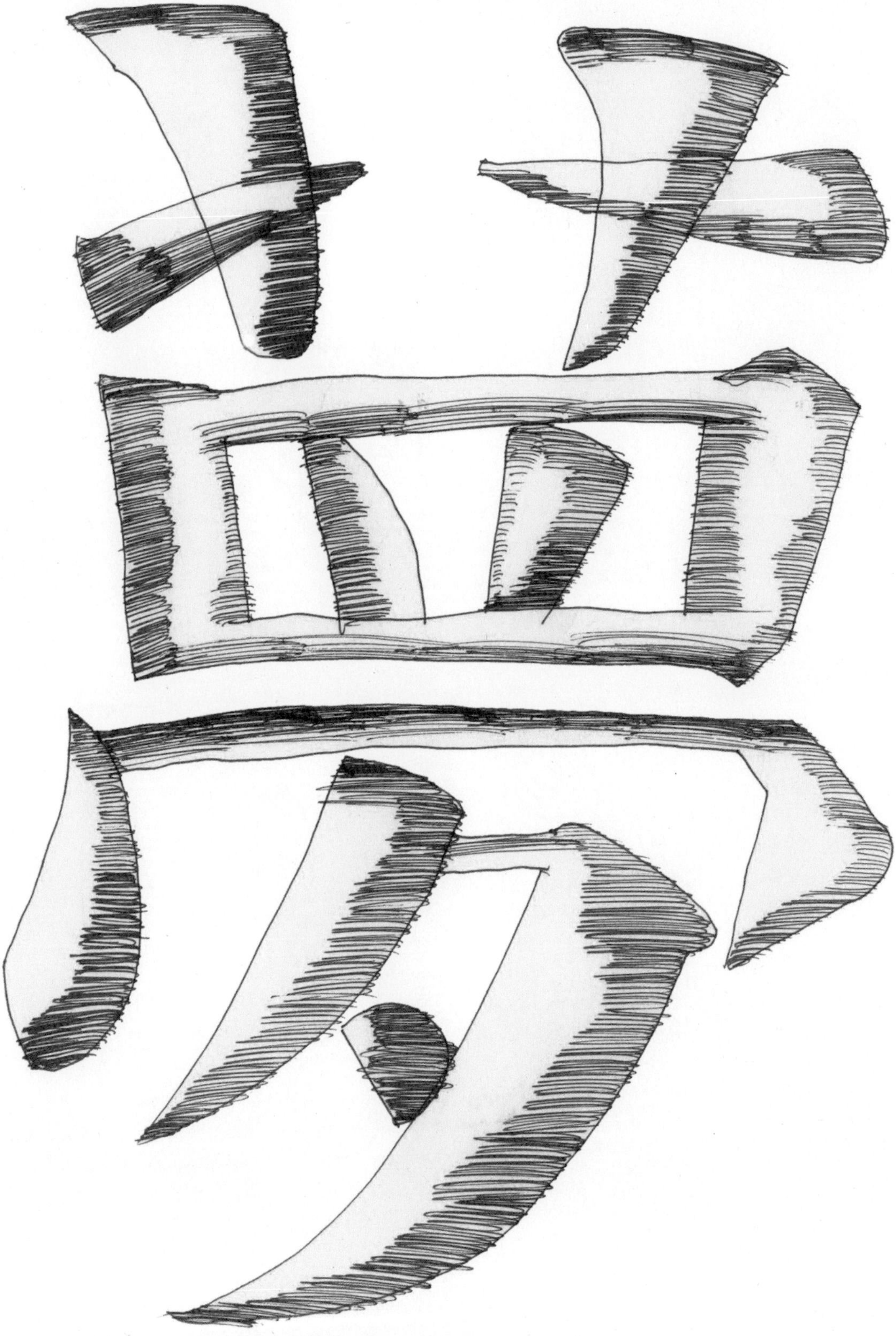
夢

慾望會生出慾望

打開打開
打開了慾望
也就打開了
創造力

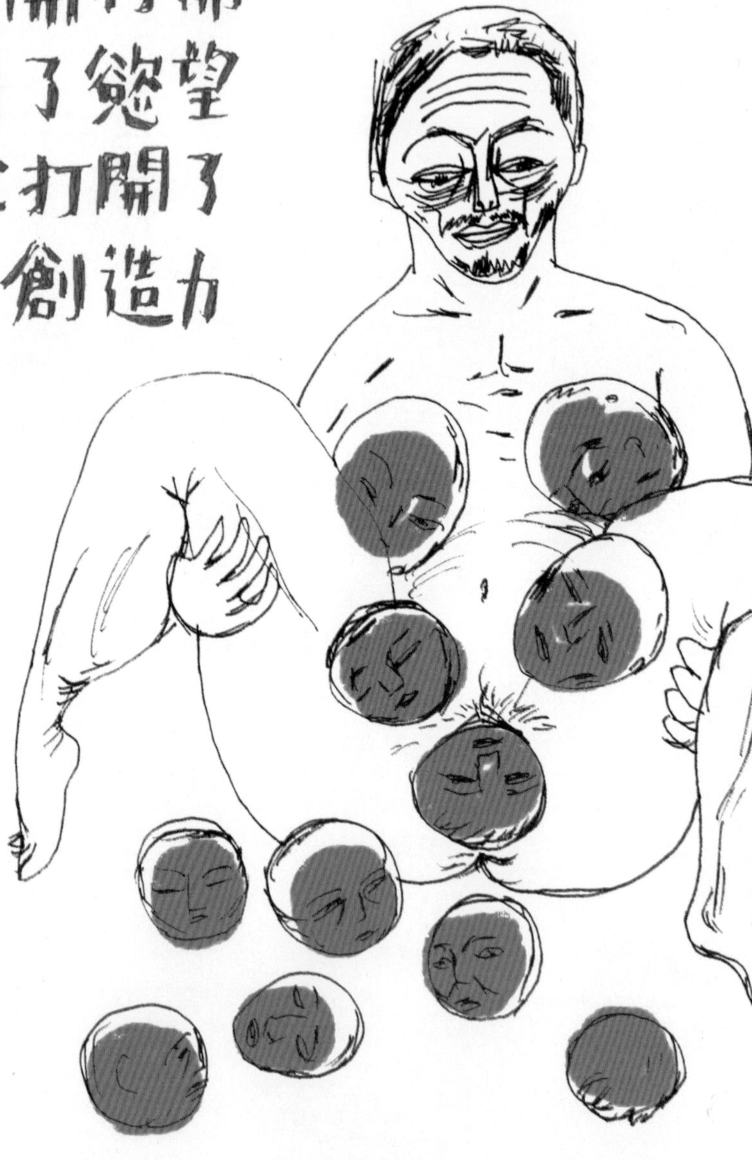

侯

死亡會咬住死亡

恐懼恐懼
恐懼恐懼
恐懼恐懼
恐懼恐懼
恐懼恐懼
愈是恐懼
就愈會被恐懼
咬死不放

美麗需要時時刻刻去努力維護
自我無時無刻不需要被壯大
宗教家無時無刻不需要迷惘的信眾
魚兒無時無刻不需要大海
愛人無時無刻不需要讚美

一張紙兒 一塊板兒
桑拿室內
冰冷的快樂
突變
璀璨的人生

當我年輕時，我必須給予我所經驗到的一切一個明確的命名與詮釋，一一給予分類建檔，好讓自己可以轉化、消化這一切的經驗，成為我成長所需的養份。我也得在荊棘中搜尋路徑，辨識安全與危險，一路行向遠方。

`10 HOU

當我年老時，我必須還原我所經驗的一切，不給予特定的詮釋了。不再為萬事萬物命名，放下意義的追尋，回到渾沌莫名的經驗本身，讓自己單純的就只是活著，那裡都不去了，靜候死亡。

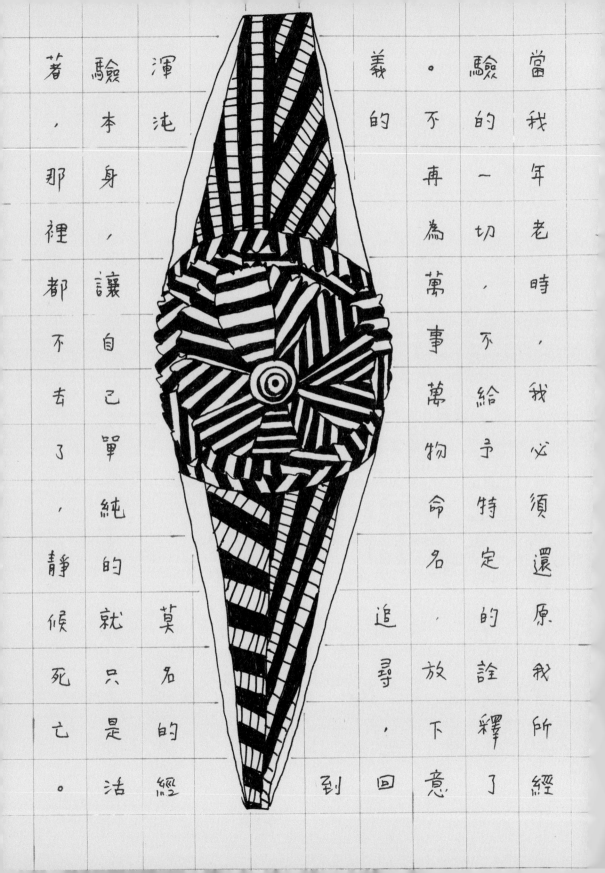

繪画是用「身体」画出來的。當然，文學也是
用「身体」這支筆寫出來的，而愛情是墨汁。侯

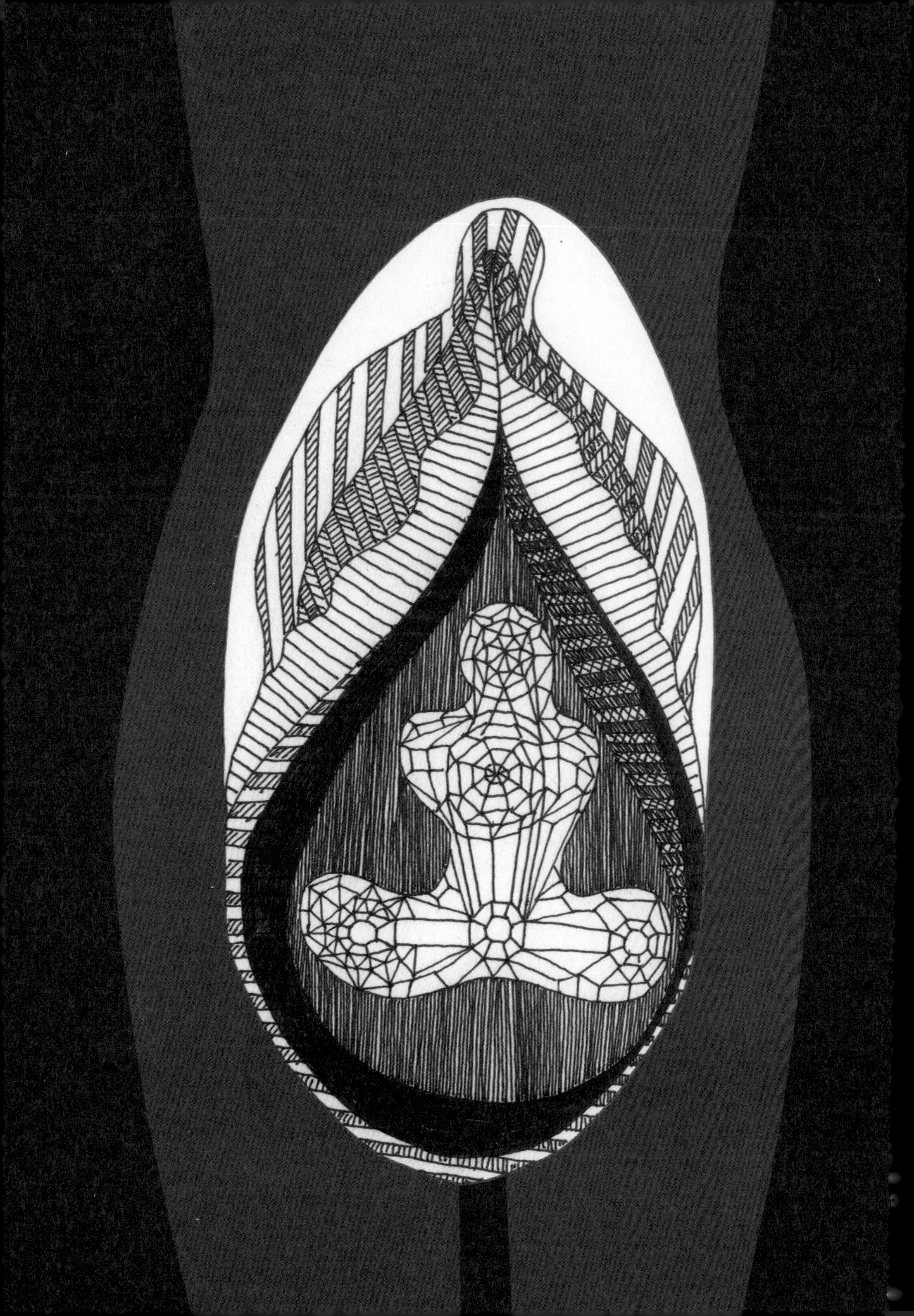

他根植於塵市，已經是一棵大樹了。
但是他沒有翅膀，他不能飛上天。
他有根，但是沒有翅膀。
所以他只好借助別人的眼睛去看遠方。

雖然我很自閉，除了強迫自己看書，也會強迫自己和陌生人聊天。
像《亞洲人的父親》訪談計劃，就是強迫自己到不同的國家，去傾聽別人的生命故事。
去為別人的父親造像。
這是一種能量的交換。我在幫助受訪者回頭檢視自己與父親的關係時，
我也在別人的陳述中豐富著我自己的創作內涵。

⑥

年少跑田野，看民間宗教祭儀，給我相當多的養分與靈感。
它們對我所受的精英、精緻的學院教育有很強烈的對照與補充。

尋常人家面對著生老病死，以民俗祭儀，呈現了內在的渴望與恐懼。
直接而樸素的表達，令我震撼。
這些儀式經過幾百年的沈澱，已經發展成非常簡潔有力的表達形式。
我借用了宗教民俗的外在形式，但內容卻是離經叛道的。極樂圖讖。
上帝恨你

~~到目前為止我還無法進入任何宗教組織，成為信徒。~~
~~雖然我很渴望活在宗教感裡~~ 有宗教信仰

早年除了宗教民俗，當下發生的社會事件，也是我重要的靈感來源。
不管是政治、社會，或是八卦新聞，都能刺激我的創作。
我會花很多時間去書店、便利商店，大量的翻閱報紙、雜誌、新書。
我也經常組織讀書會，在團體固定聚會討論的壓力下，強迫自己看書。

有一棵長在曠野的大樹，根著大地。從大地得到充分的養分與支持。但是他沒辦法像絕大多數的動物那樣自由移動。連走動都不行了，更何況是飛翔。雖然他是一棵高大的樹，在他的枝椏之上已經可以看到相當遠的村莊了。但他仍覺得他的視界有限，他很想知道在河的盡頭，在山的另一邊會有什麼他所不知道的經歷。

在山神的允諾下，大樹所有的葉子都化成了眼睛，當秋風吹起，葉子眼睛都從大樹上脫落，隨著秋風被吹向很遠很遠的遠方。葉子眼睛被吹向河的盡頭、山的另一邊，看盡了不同的風光。但當秋風停歇，葉子眼睛也就飄落了，落在河的盡頭、山的另一邊，落到泥土裡，再也沒有回到大樹上，讓大樹知道它們看到了什麼。於是大樹又再長出新的葉子，在秋天變成眼睛飛去遠方。一年又一年，大樹越來越老，而葉子眼睛也始終一去不返，沒有人回頭來告訴老樹遠方的故事。

二○一○年
六月作 侯

無心插柳製造驚奇
一支獨秀引來共襄盛舉
百花齊放得自文化底醞
作客他鄉總要落葉歸根

那些 把異鄉當故鄉的人
到底怎麼了？ HOU

魚可以是一朵移動的花。

花可以是一隻不動的蝴蝶。

蝴蝶可以是一朵正在飄著的雲。

雲可以是一張表情怪異的臉。

臉可以是一張通行證。

通行證可以是一把鑰匙。

鑰匙可以是一種允諾。

允諾可以是

…了開[illegible]以退。

又[illegible]可是
致命的吸引力。
吸引力可以是
一道香氣。
香氣可以是
一种邀請。
邀請可以是
一個眼神。
眼神可以是
一隻游動的魚兒。
魚可以是
一個自由的旅行家。
小信俊明

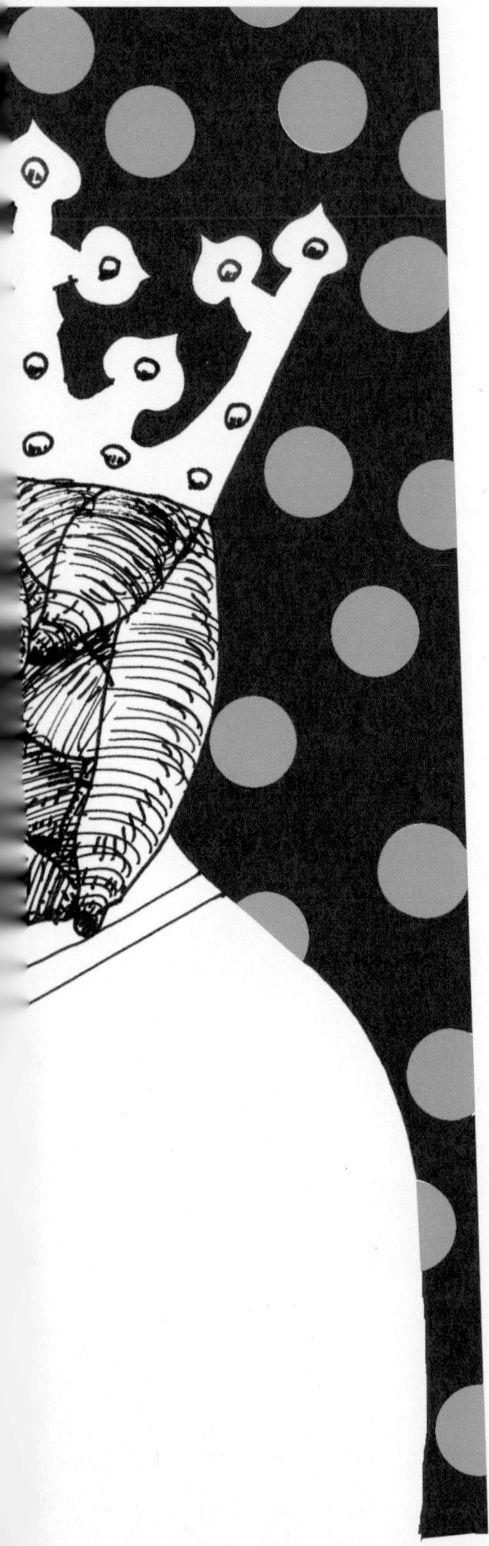

信念是一顆種子。超凡入聖後回歸塵俗。撫慰了我們疲憊的心。一切事物的發生都不是意外與巧合。上天的禮物送給有心迎向燦爛曙光的人。不妨找個安靜的空間進入心靈運作的法則。世人都因為被催眠而阻礙了生命潛能。直到最終才豁然開朗。這或許正是心念創造了外在現實。名氣是心靈毒藥，讓我們上癮，讓我們永遠渴望。有些跋扈的父母是一片好意。有些父母純粹就是跋扈。雖然很難找到真憑實據，但夢想不會消失。一旦要說自己的好話時，卻是困難重重。幾乎在每個團体裡，都能找到狂人的蹤影，權力是他們的主食。用全副精力打擊成員的創造力。渴望休息是很正常的。成長是詭異的前進運動—進兩步退一步。做一件讓自己覺得沒有安全感的事，當初最排斥的人，完成後收穫最多。

'10 六腳侯仟

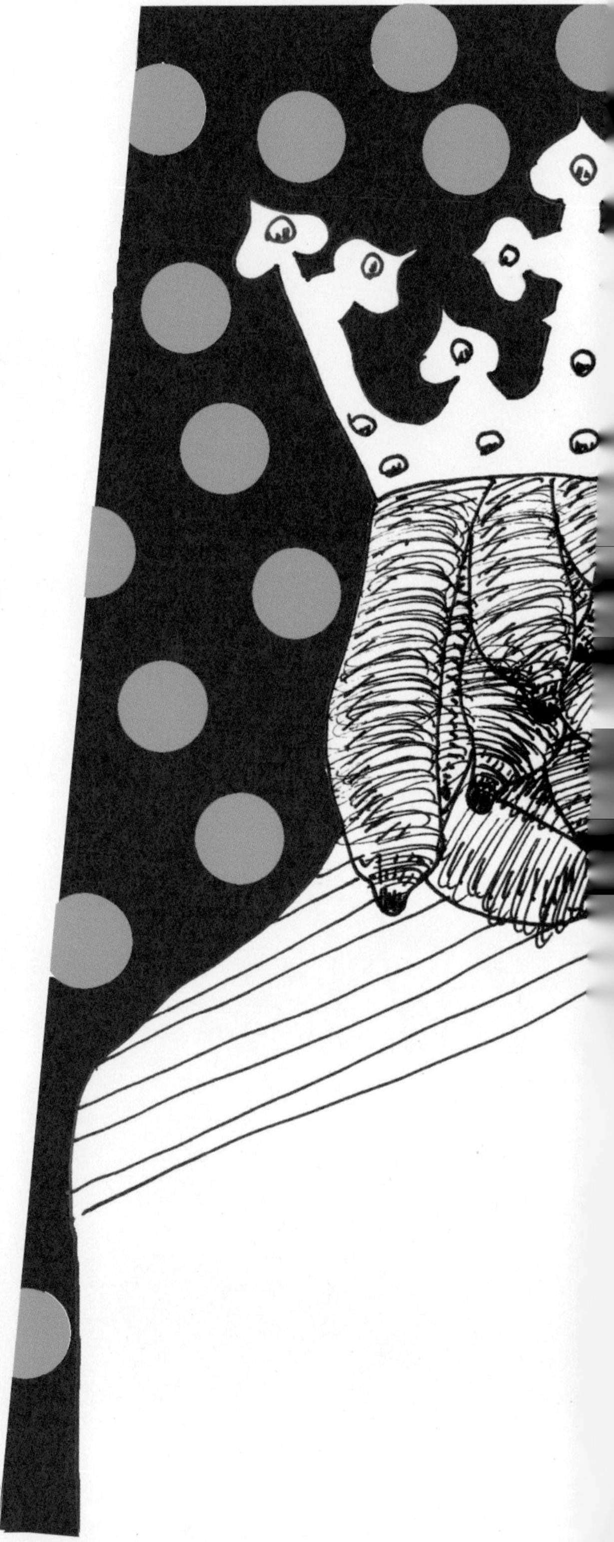

強而有力的曼陀羅繪畫可以說是一台洗淨力超強的洗衣机，把髒衣服丟進去洗衣槽，污穢在不斷的旋轉中被離析掉了，衣服變乾淨了。負面的能量在曼陀羅的塗鴉中被轉化掉了。

即使不這麼用力的淨化自己，光只是机械性的、無意識的繪製圖案，都可以在這當中幫助自己安住在當下。在專注的填色之中，人自紛亂的現實脫身了，也止住了紛亂的思緒，而自內在昇起了一股安定自性的力量與智慧。

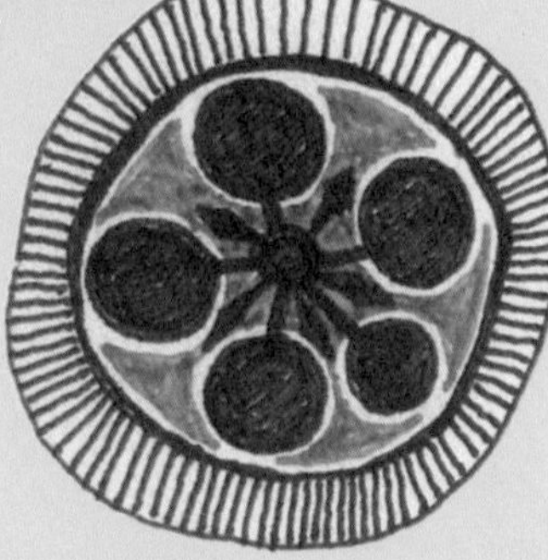

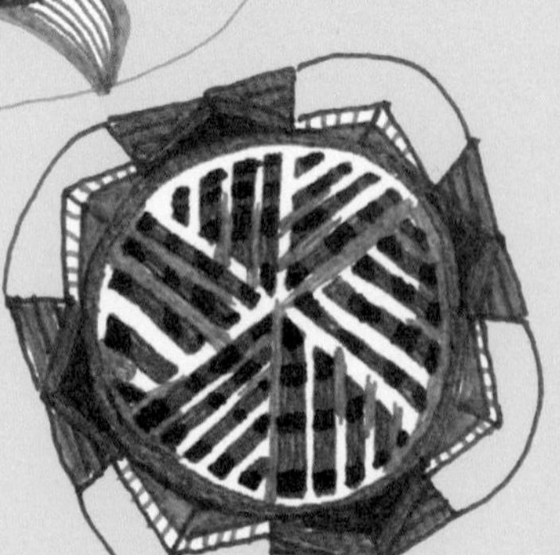

二〇一〇年 侯
六時侍氏於火焰山

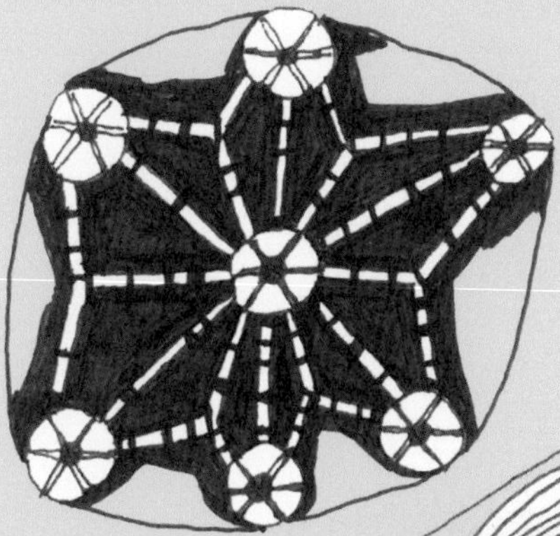

他得像庖丁解牛，酣暢淋漓，遊刃有餘，不能亂成一團。

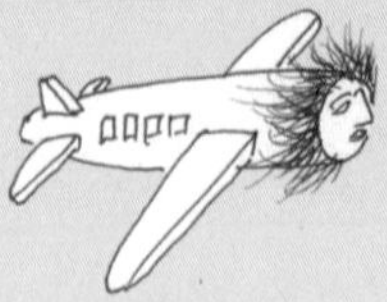

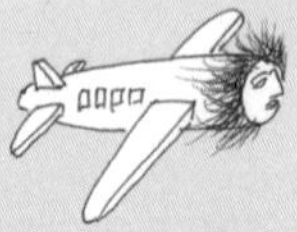

六腳信仟 侯

二〇一〇年

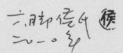

不安定、不確定的狀態，是傑出的藝術家樂於面對的。

安全降落不是優先選項

對一個藝術家而言，他必需往下跳。
並且在往下跳的同時玩出把戲來。
至於是不是能安全降落，那不是他能想的。

玩芭比娃娃長大的小男孩也可以揚名國際，
成為時尚圈最夯的設計師。他說做喜歡的事，怎樣都不累。
10 HOU
侯

原來，要這樣玩才對！

當代時尚衣著不是為了保暖也不是為了羞
恥遮蔽裸体而是為了彰顯性感挑動欲望 而
那些沒有愛的人滿腦子也都只是性 人的愛
越少恨就越多 他的煩惱與不快樂和他愛的
匱乏程度成正比 他越是被煩惱焦慮和難
言痛苦所吞噬 他的自我實現的能力就越虛
弱 他會非常緊張焦慮而這個負面的情緒唯
一的出路就是性

二〇一〇
六晴作

part.3

安全降落
不是優先
選項。

為了
達到
完美的
性交

我們勤練瑜伽

'10 侯氏

神愛世人

對男人而言，女人是一道門。進入女人就是進入天堂之門。與女人合一，就是與神合一。

二〇一〇 之明作

在這個世界上有很多不快樂的人，不快樂的人會使用暴力，以肢体的或心理的暴力在他的周遭創造一個不快樂的能量圈。而性行為是帶來改変的最佳選擇。透過性高潮，他可以得到最深的喜樂。

二〇一〇年侯氏語

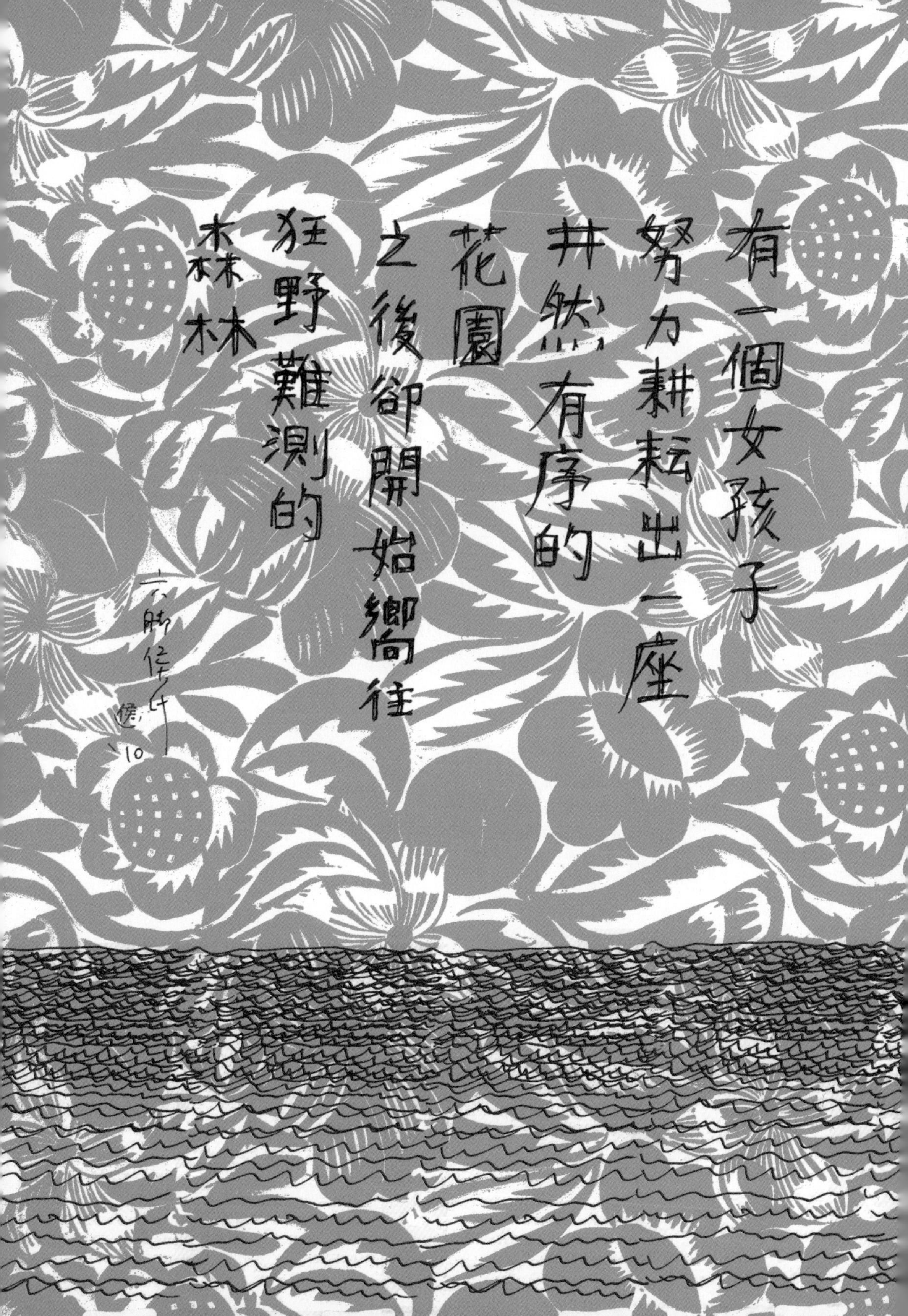
有一個女孩子
努力耕耘出一座
井然有序的
花園
之後卻開始嚮往
狂野難測的
森林
'10

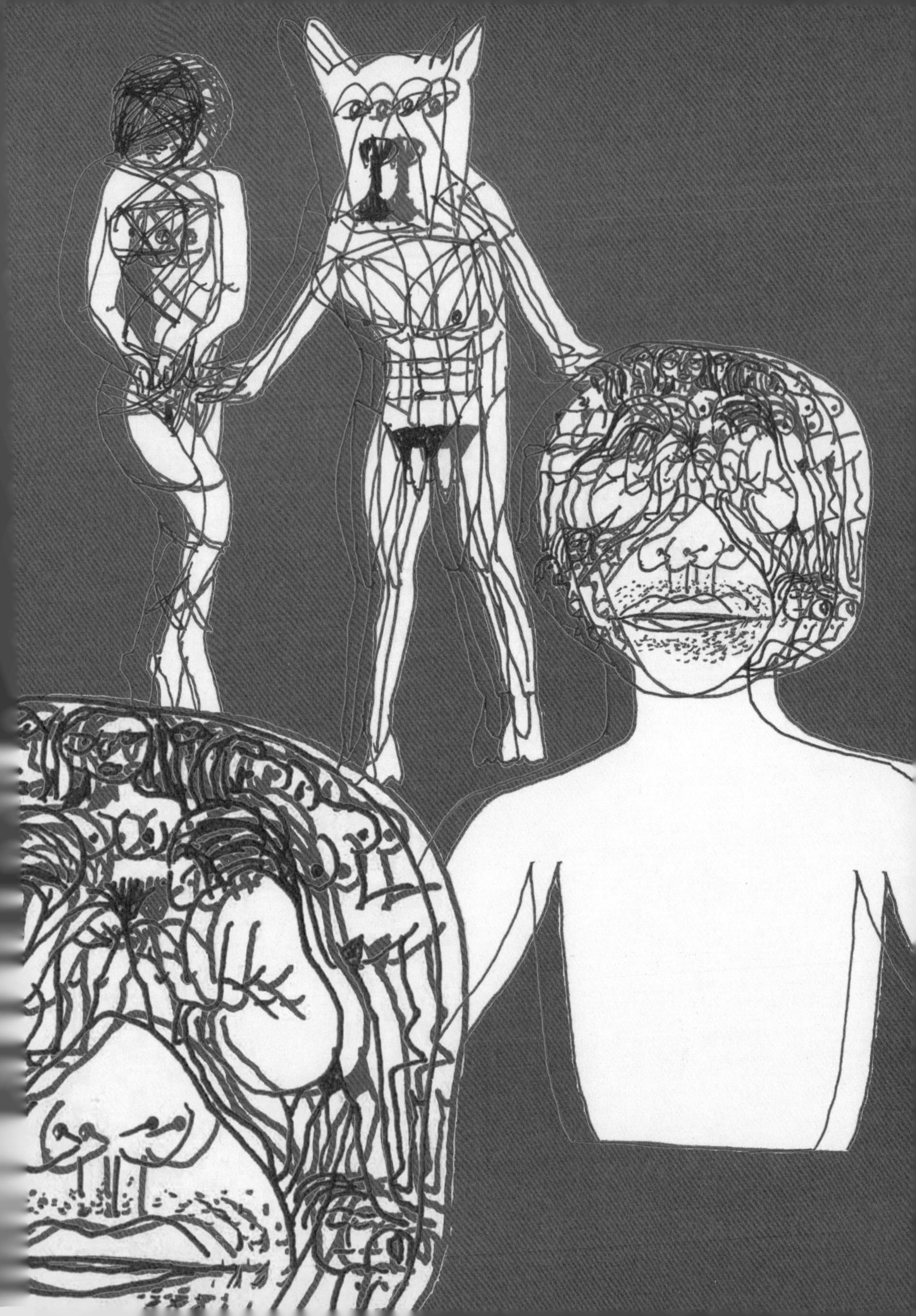

性愛派對裡的神祕嘉賓
是一隻強壯的雜種狗
所有的人都把自己綑綁起來
取悅牠

痛苦的身體變成極樂的天堂
儘管事後懊悔不已
並且後害無窮
我們依然奮勇
前仆後繼
不在乎魔鬼的覬覦

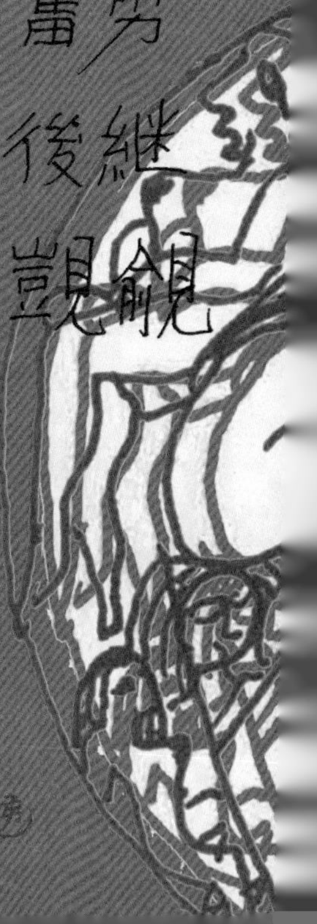

火焰山

有一個患有牙周病的患者說
憂鬱症是對失落的無力抗爭

有一個患有骨質疏鬆的患者說
陽萎導因於不忠不義

有一個有聽力障礙的患者說
政府要對不孕症負完全的責任

安寧病房的醫生說
活著有什麼意義

擁有傲人雙峰的正妹說
美麗就是財富

保持健康是國民應盡的責任
誠實納稅是無知的表現

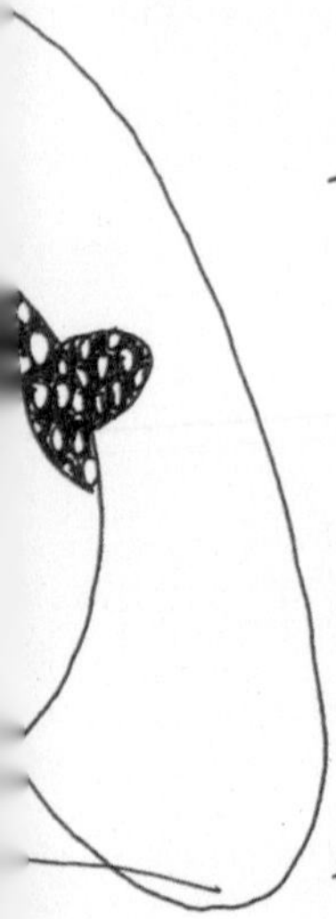

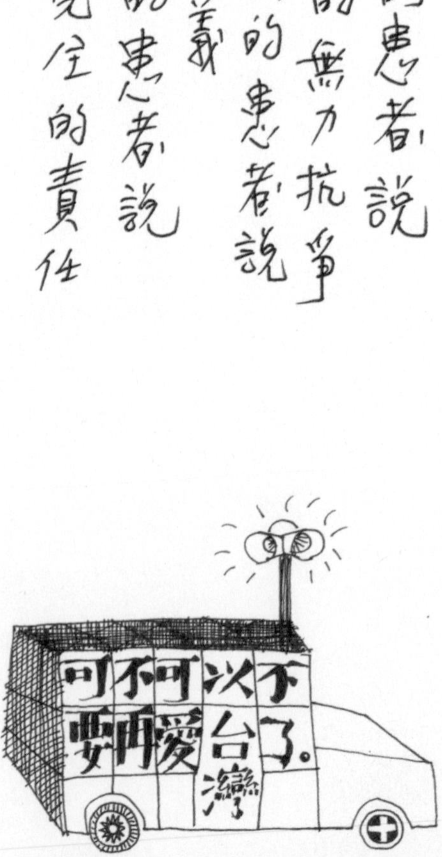

二〇一〇年 侯
文彬作

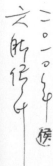

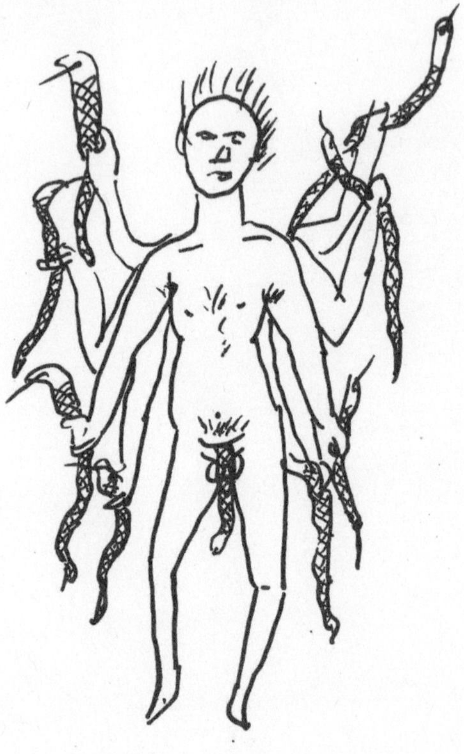

不舉男
挑戰百萬年薪
該補充的是睪固酮
有法官表示認同
除了年齡之外
長期茹素也容易陽萎

`10 HOU 侯

跟慾望搏鬥
是一種病

放棄搏鬥就獲得自由

侯

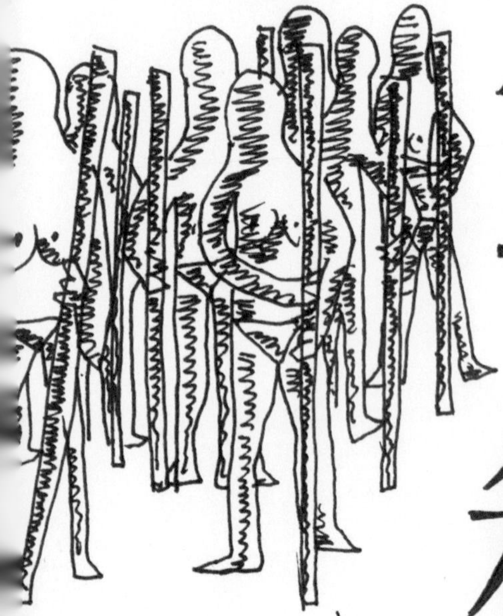

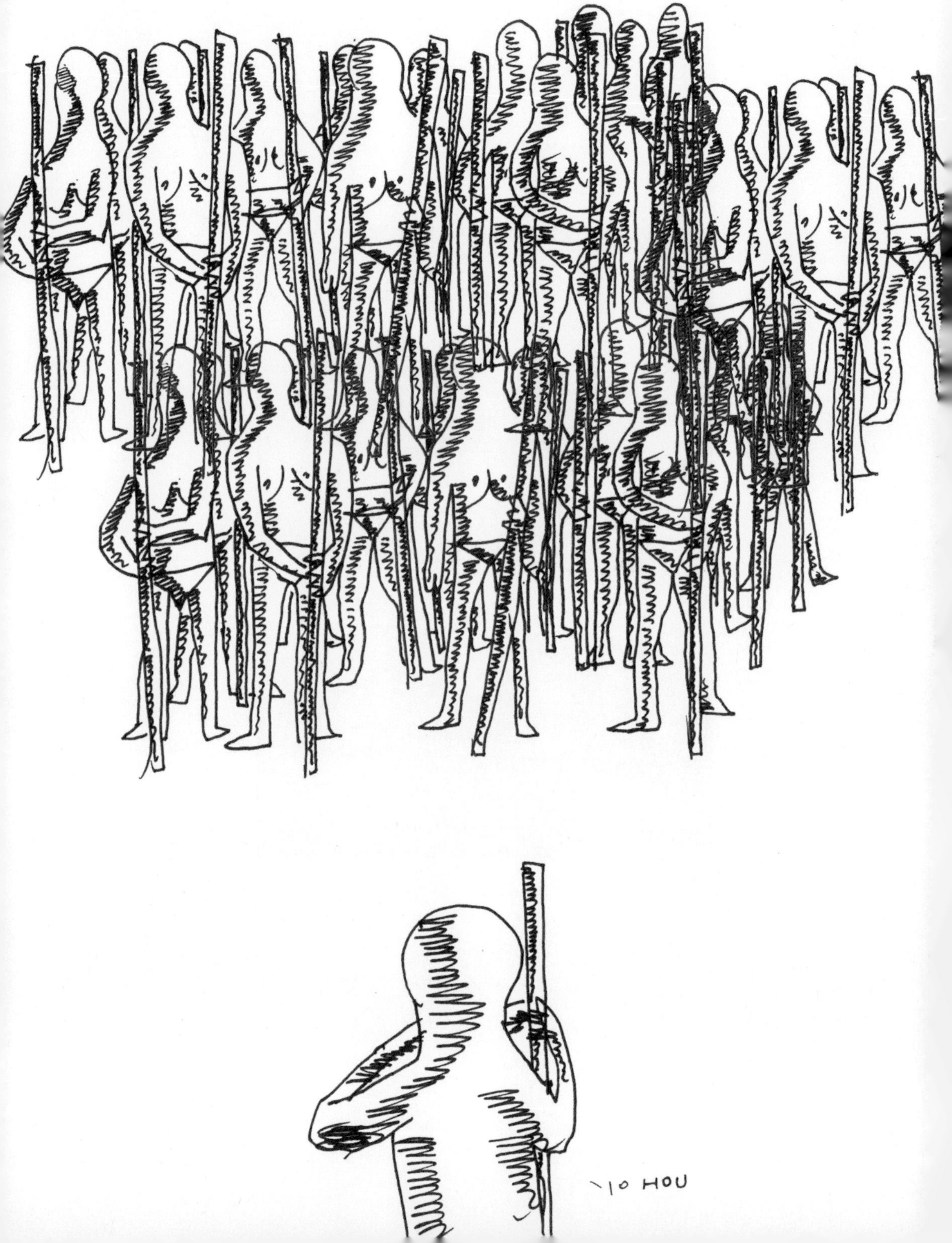
'10 HOU

每當下大雨
我就好想
和同學做愛

二〇一〇火焰山山脚
大脚侯氏

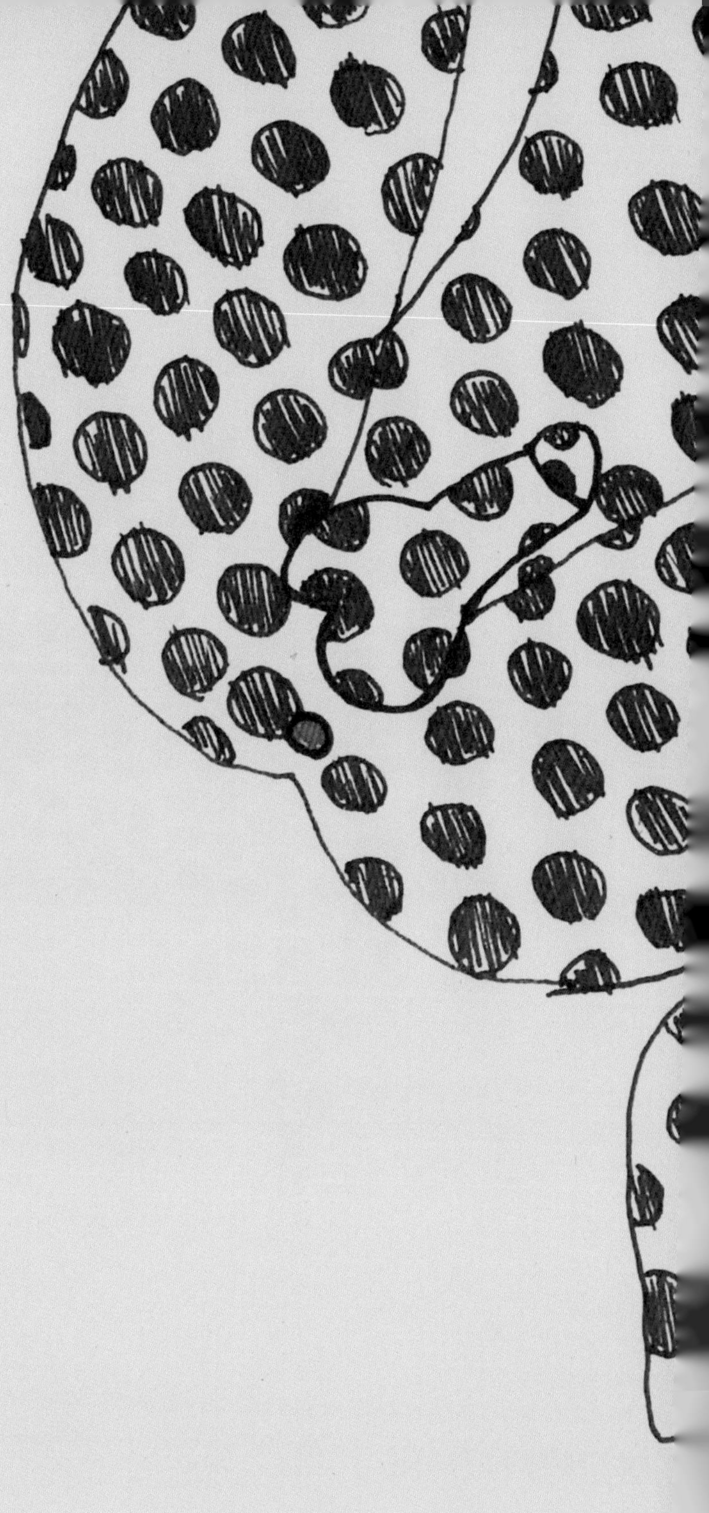

'10 HOU

黃金三秒鐘
強力三秒膠

在三角關係裡，沒有人會獻出完整的自我

由於愛情的匱乏與不信任
我們用赤裸的性 嘲笑 愛

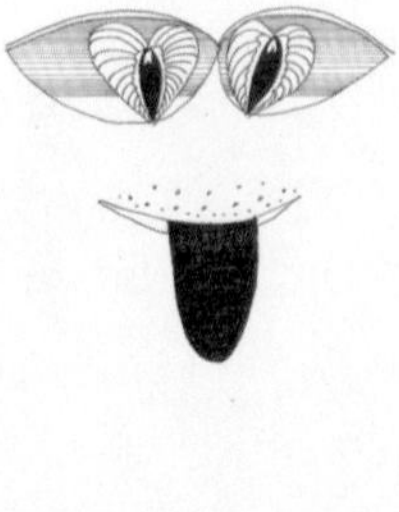

恐怖的快樂

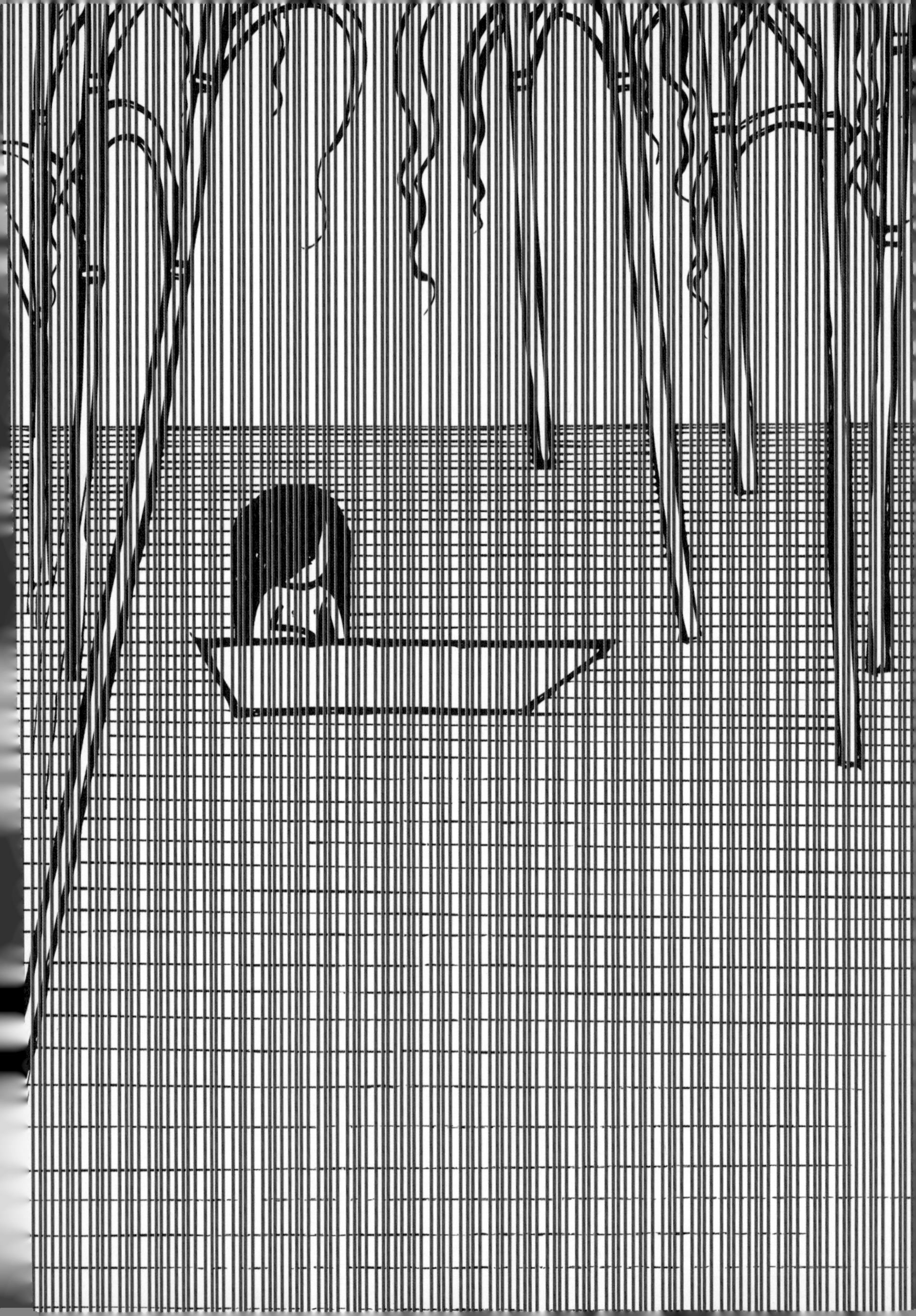

失戀　落寞

無精打采到連自己失去什麼都不知道

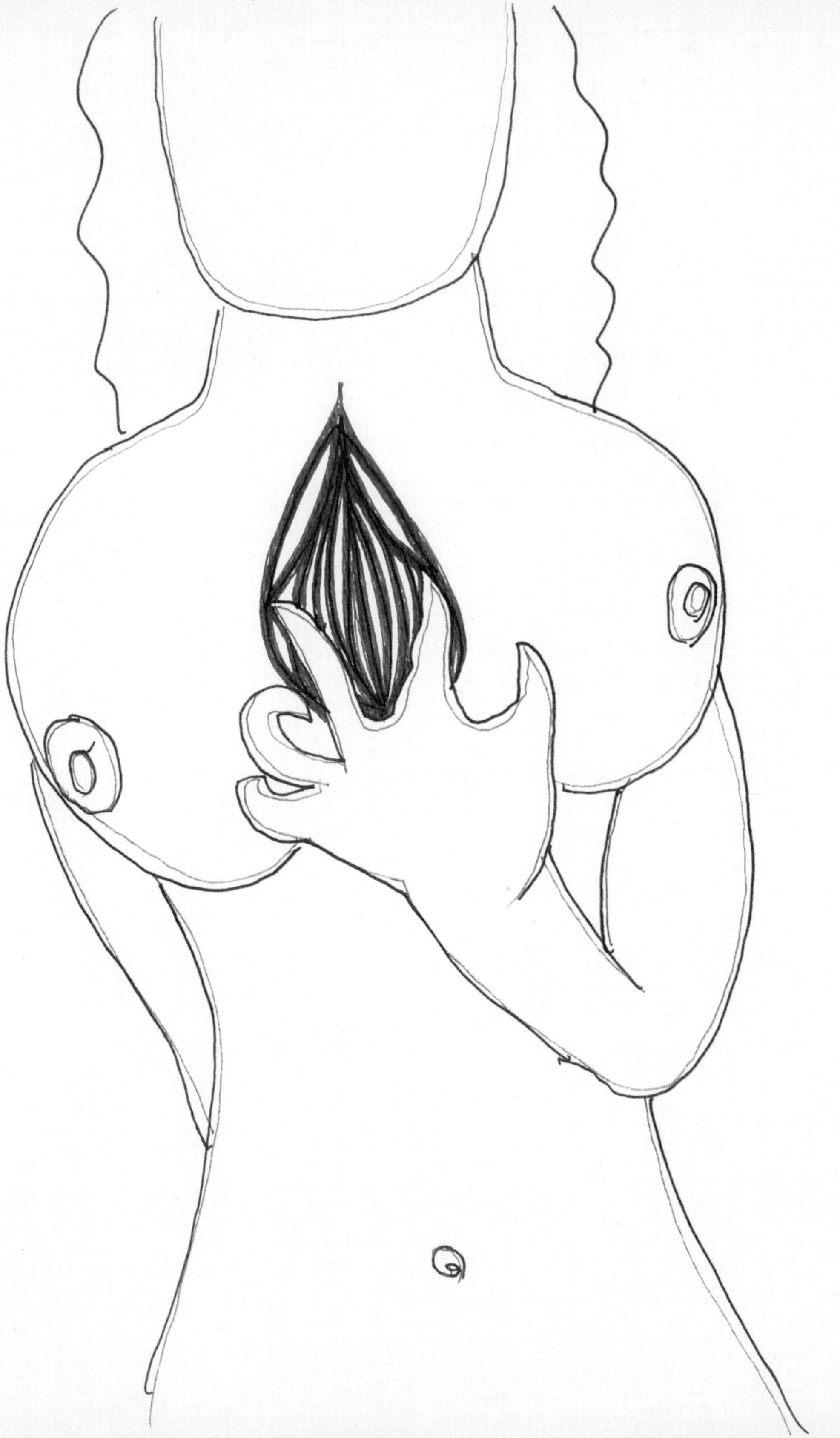

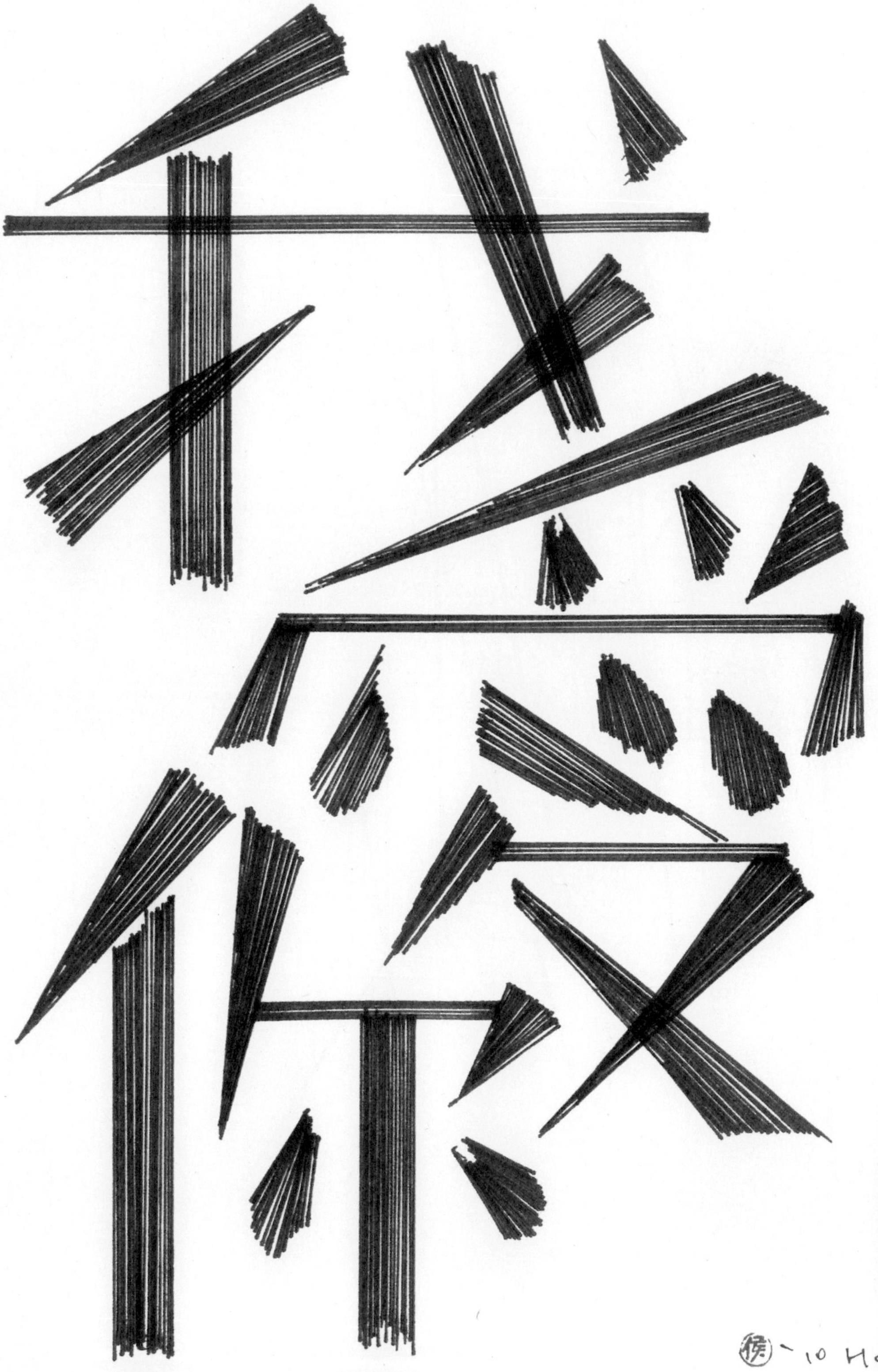

只有傻瓜才會墜入情網

但是我卻情不自禁的愛上你
愛上你是一種罪嗎
我就只想跟你做愛
我所做的每件事都是因為愛上你
你讓我的生命變得如此美好
真心感激你為我帶來的這一切
我不再在黑暗裡感到徬徨無助
只因為有你陪伴
當我哭泣，你擦乾我的眼淚
當我出賣我自己，你為我贖身
真不敢相信這是真的
在我需要你時　你就會出現
你豐潤了我

任何人都可以由我的臉上
看出我的改變

當今女人對男人的依賴，
猶如花朵對鐵鎚的渴求，
根本是沒這回事。

做愛過後，縱有些許惆悵，
但唯有做愛
才能再次確認彼此的關係。

這真是糟糕，我應該要記得呼吸。
一直惦念著要微笑，使我淪為受害者。

就算我們在一整天結束的時候都還
未能有快樂的感受，也都不能承認失敗

2010 六腳佬代撰

我不喜歡
你送我礼物。
如果我接收了
我就會被你收買，被你收服了。

10 Nov

我做愛的時候緊閉双眼。
迴避眼神交會。
怕你看穿了我[redacted]膚淺的外[redacted]。
遇到[redacted]不安的[redacted]魂。

性慾高脹
使我偏頭痛

適度的一夜情
可以挽救婚姻
回復激情

'10
HOU
侯

罪
死
骸

即使劈腿被抓，也一定要相信自己是清白的。

說真的，我們不可能做出自己明知不對的事。

即使抓姦在床，鐵証如山，

我們一定要原諒自己，不要跟自己過意不去。

我們之所以會做出傷天害理的事，

是因為萬般無奈，情不得已，

千萬的錯，都不是我們的錯，

不要把自己當成罪人。

尤其是罪該萬死的人，一定要學會原諒自己。

侯 'Io Hou

無論如何都不能認錯
無論如何都不能認錯
認錯如同被判死刑

侯

part.2

跟欲望搏鬥是一種病。

對病態行為的研究
並不足以讓自己
變成正常人

的原因是他無法去愛。他愛對方不如對方愛他的多……
被愛都是痛苦的。當一個人無法承受被愛時，另一個原因是他不願意被約束、被綑綁。因為，愛是鎖鍊。
方是否夠愛我們，才能決定是否要愛對方嗎[illegible]的。並不是我們功利性的怕吃[illegible]以至於在愛的多寡裡斤
陰陽交感而成，當雙方的放電量不一致時，它是無法被圓滿成就的。但當愛被確定了，被發展出來了，進
不是問題了。即使另一方已把愛抽離了，愛仍會被繼續數年。數百年。

一九九九 俊明于苑裡

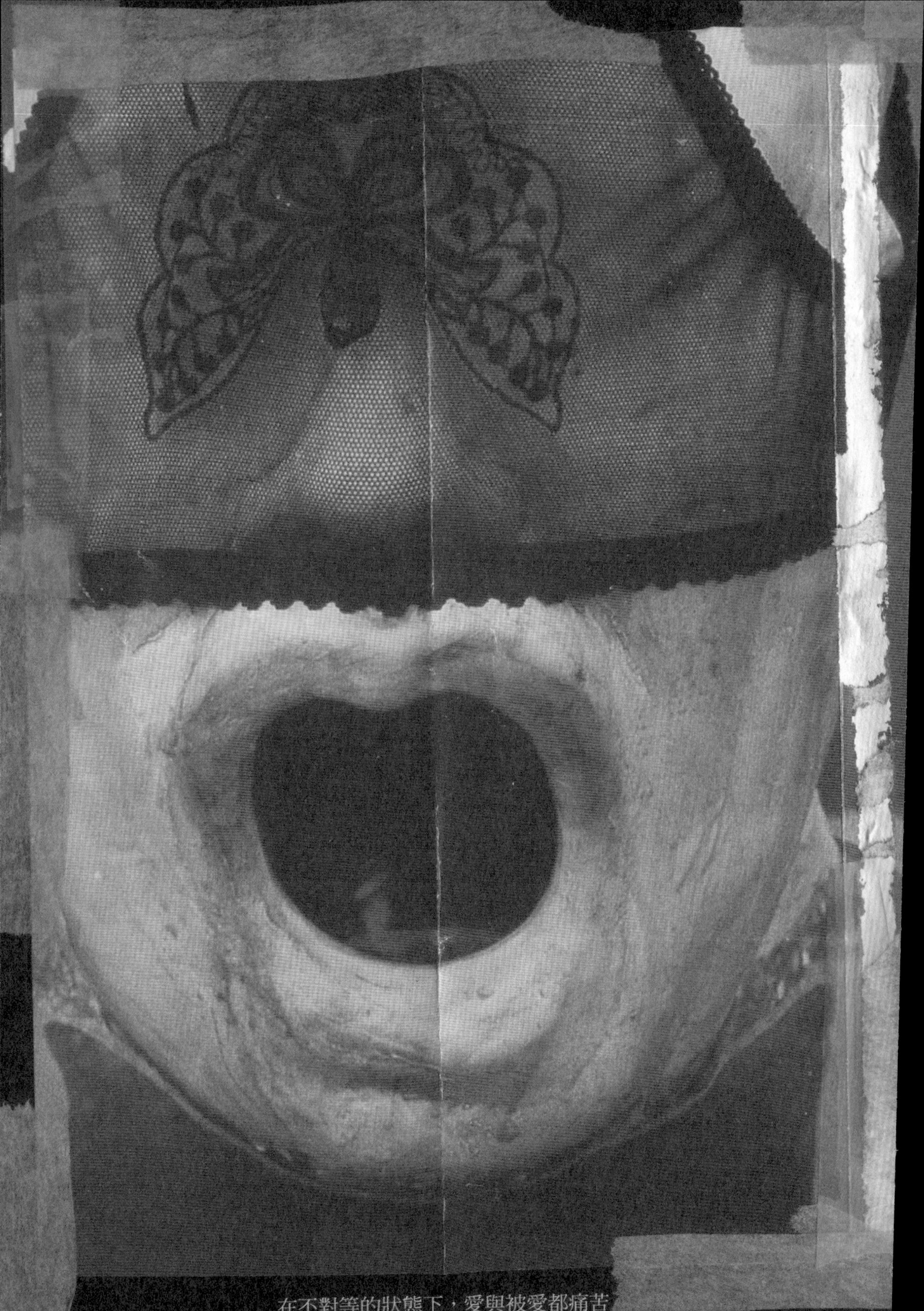

在不對等的狀態下，愛與被愛都痛苦

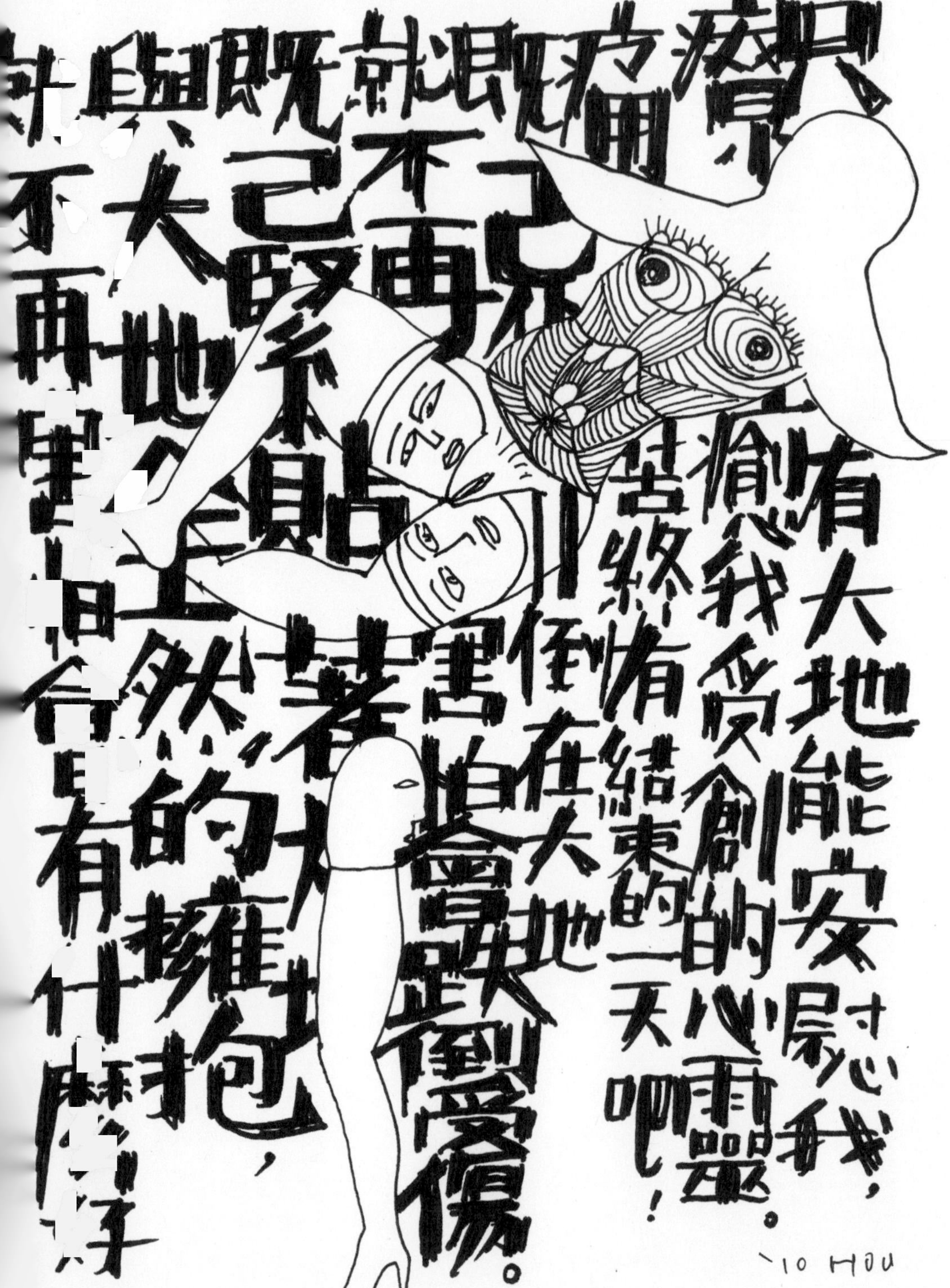
只有大地能安慰我，
療癒我受創的心靈。
痛苦終有結束的一天吧！
既已倒在大地，
就不再害怕會跌倒受傷。
既已緊貼著大地，
與大地全然的擁抱，
就不再畏怕會有什麼好
'10 HOU

失落的一
這樣我就可以安靜下來傾聽你我的心跳声。
六腳信樹

會對死亡感到害怕 是人之常情
不需要接受特別的治療。
言侯語

聽說死亡是一種身心解離的狀態。
癌末病患感受著自己的身体無可挽回一天比一天變得更糟糕時，面對的是空虛的萬丈深淵，無止境的，失控的往下墜落。

「身不由己」是一件恐怖的事。
在重病之中我們失去了我們對外在事物的規劃、管理能力，更嚴重的是我們失去了對自己身体的主權。失控了。
只能眼睜睜的看著自己的世界逐一崩解，終至被死亡吞噬，化成灰燼。

如果不被宗教綁架，死後的世界並不令人擔心害怕。
死就死了嘛，沒有任何的知覺可以感受到痛苦。
令人害怕的是死亡的過程太折磨人。
如果在重大意外事故，如車禍、空難中瞬間當場死亡，死相雖然難看，但當事人還來不及害怕就掛掉了，這算是不幸中的大幸。最大的痛苦應該是大難未死，只得拖著殘破的身体，在病痛的折磨中，身不由己，只能仰仗他人照顧。

我好害怕死亡。

害怕到有時候會呼吸困難。

侯俊明

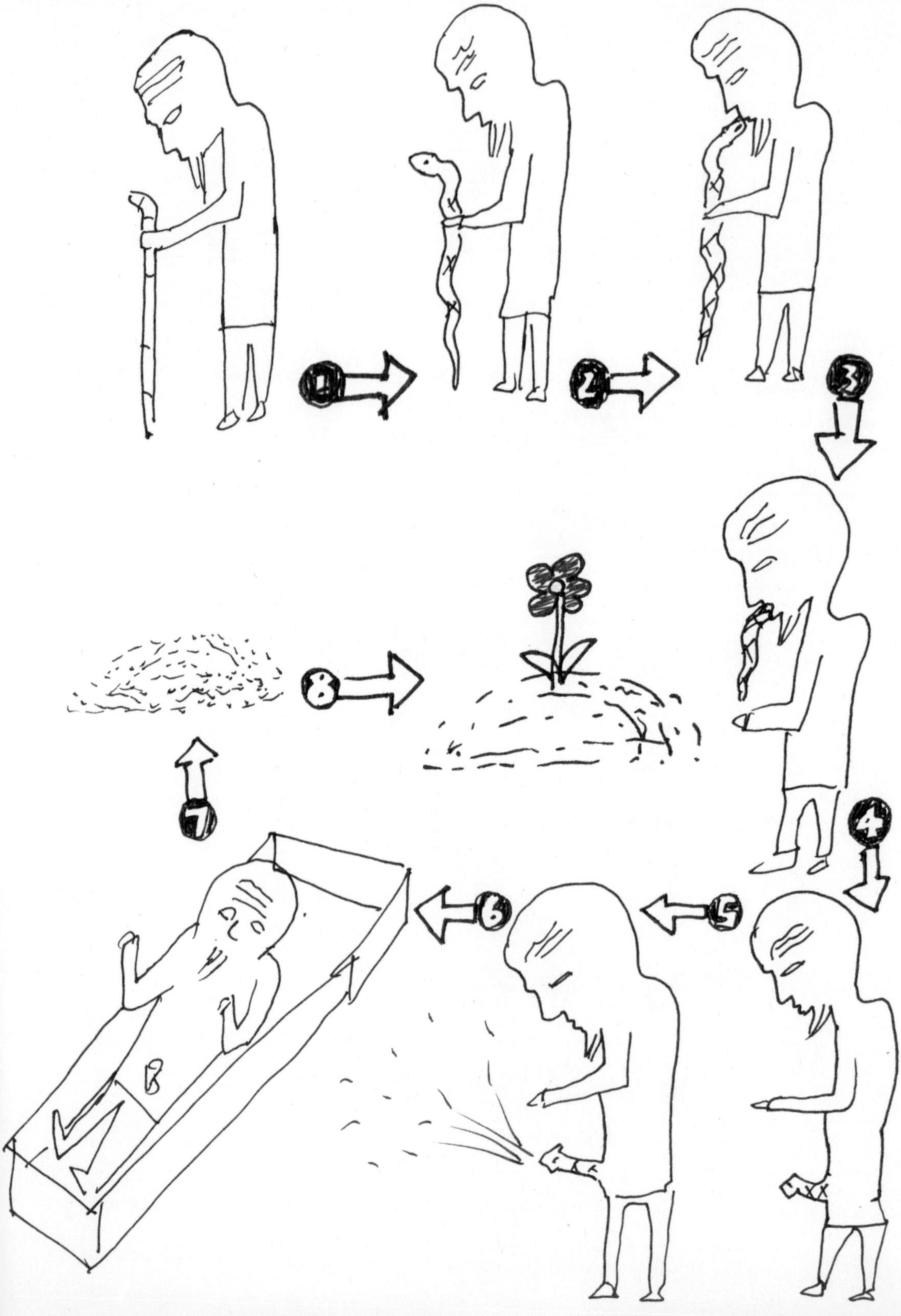
1
2
3
4
5
6
7
8

老
Tio Hou

守著薪資

守著婚姻

'10 Hou

自動化負面思考，諸如我覺得全世界都在跟我作對。
沒有人瞭解我。我的人生沒有按照我想要的方式走。
再也沒有任何事情能讓我感到愉快。我再也無法忍受這一切。
我沒辦法振作起來。我到底是那裡有問題。
假如我是另一個人就好了。我什麼事都做不好。我恨我自己。
我是個沒有價值的人。我希望自己可以消失。我到底是怎麼了。
我是個輸家。我的生活一團糟。我是個失敗者。
我永遠也不可能做得到。我覺得很無助。不能再這樣下去了。
我一定是哪裡出了問題。我的前途黯淡。
這一切都不值得。我什麼都沒辦法做好。

這都是處在憂鬱的人常會有的自動化負面思考。但它們就
只是憂鬱的症狀。就好像我們感冒時會出現感冒的症狀。
不要去向這些負面的症狀認同，以為那就是自己真實的人生。
不是的，這些負面的想法並不是真實的。
我們要從這樣的負面認同裡抽離出來，只是去照見這些
負面思考的觀看者（覺察到它的存在）即可擺脫它。

（侯）火焰山 侯俊明

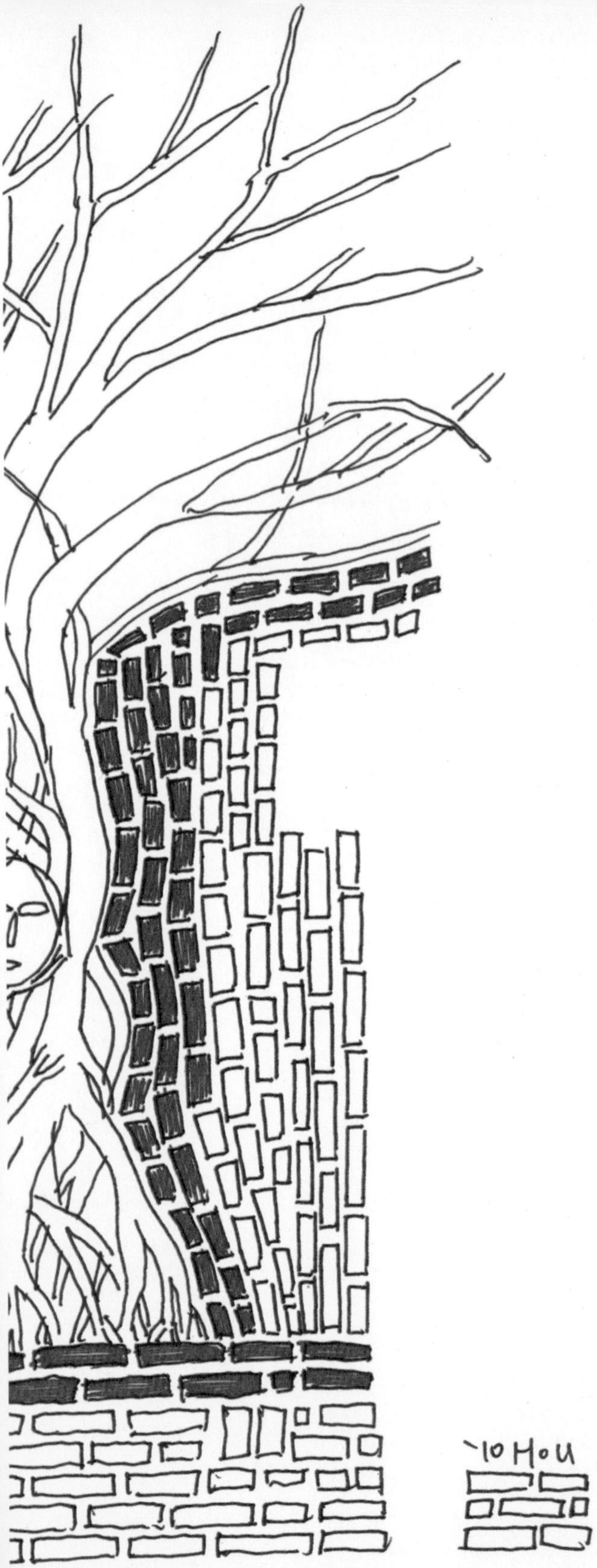

修刑者

修行是在對自己行刑

都是自找的

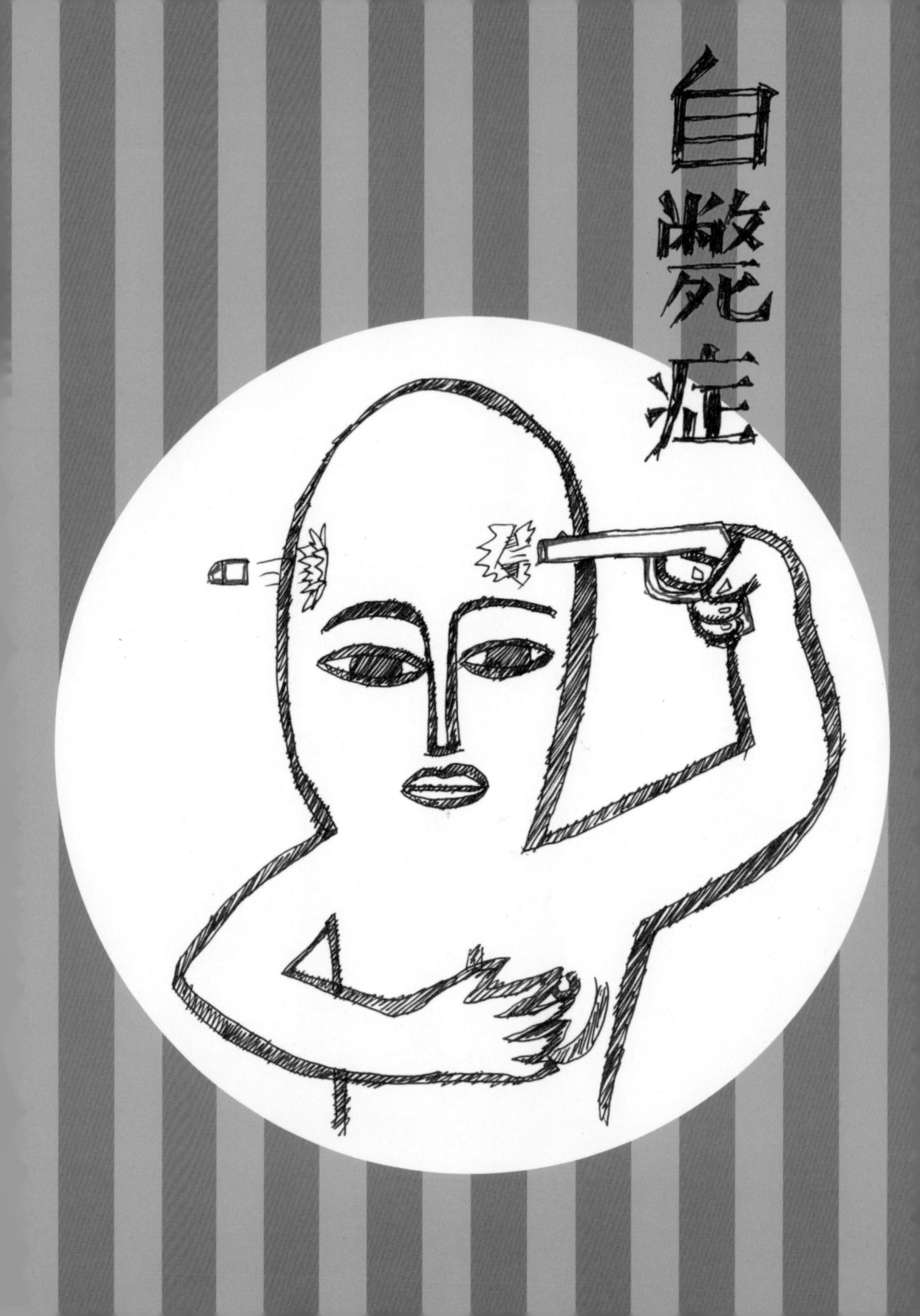
自殺症

縱慾的自戀症患者
總會忍不住的一直
打手槍
打到腦殘

二〇一〇嚴冬
六腳侯氏（侯）

活不下去。活不下去。

活不下去

二〇二〇年
侯文詠

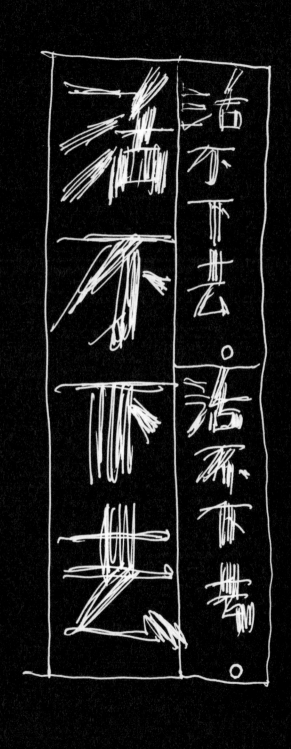

腦袋裡的想法是一條流動的河，
腦袋裡的想法是一片片飄移的雲。
來來去去。但我們卻常被捲入其中。
就好像坐在觀眾席的人跑進了銀幕裡。
這個時候我們只要回過神來，
意識到，哦，我只不過是在看影片。
我們當然可以繼續看影片，
對影片內容保持好奇，甚至再度融入它。
但影片是影片，我是我。我們得回到現實，
過真實的生活。
我們總是被腦袋裡的銀幕出現的想法（想像）
帶著跑，偏離了我們真實的處境。活在
痛苦的情緒裡，痛苦的記憶裡。
這個時候，我們需要回到自己的呼吸。
專注的呼吸。告訴自己，
每一次吸氣都是一個新的開始。
每一次吐氣都是一次釋放，一個新的放下。
放下痛苦的記憶。放下痛苦的情緒。

'10 六時候

緊張總是未來指向的，它來自想像

緊張

所有的緊張都來自於
對還沒有發生的事情
的想像。
因為我們沒辦法
去控制還沒發生的事
所以我們非常緊張。

「明天會更好」是個緊箍咒。
明天會更好意謂著今天是不好的。
我們不能接受此刻的自己而去想像
一個更好的自己。要自己在未來變得
更好。我們總是試圖要變成什麼。
不論我們欲求的是什麼，只要我們所
欲求的是未來要被達成的，它跟我們的
現狀不一樣，那它就會造成緊張。
我們不能接受自己現在的樣子，而
欲求自己要變成另一個樣子，有一個
理想的模型要被完成，這造成了緊張。

⑤ 開車 開車 開車 帶給我好多靈感。

因為速度 因為規律的振動 產生催眠 ~~進了~~ 出神了
因為窗外景物 不斷湧現又隨即流逝不見 刺激了 勾引了思緒
所以我在開車中總是莫名所以的百感交集。

開車的時候也沒辦法做別的事情。
被迫要放下日常瑣事，進入一個純粹的思考狀態。
而且就自己一個人在密閉的車子裡，不用去分心照顧別人，
不會被干擾。可以很細密的咀嚼 突然湧現的任何思緒。

即使沒有要去那裡我也會漫無目的的開車，~~就只是要讓意識流動，會有靈感產出~~

到了秋天，就會好想出門去流浪。
到了冬天，就會好想窩在床上看書。
春天是發情的季節，消化了冬天的閱讀，胡思亂想。
想著今年夏天又可以做些什麼好玩的事，生一堆小孩。

④

我無法過規律的日常生活。主要是因為創作本來就不是規律，不是可預期的。

所以我以季節來安排我的生活與工作節奏。

夏天是我最有創造力的季節。

因為我是南台灣的小孩，炙熱的大太陽，是我情感的原鄉。

再加上學生階段就養成了在夏天創作的習慣，因為只有在

放暑假的時候才有大塊完整的時間來畫畫。

夏天一邊流汗，一邊畫畫，很容易就把畫紙弄濕弄髒，濕答答很不舒服

可是就特別帶勁。

人家說熱帶雨林是最性感的，在濕熱中不斷會有新生命冒出來，

所以我抓緊了夏天。在夏天日以繼夜，盡情創作。

③

工作室必須井然有序。創作即煉丹。煉丹室裡的材料當然要分門別類、一目了然。
工作中就要放手，允許它被弄髒弄亂。
~~大功告成~~，一個系列創作完成之後，一定要把環境整理乾淨
工具材料歸位，一切淨空之後，才能再進行新的系列創作。

我之前的工作室在三義山裡。每次開車循著蜿蜒山路，在綠蔭中前往工作室，
都感覺自己像是要去幽會，跟愛人在一起，談戀愛。我叫它「阿麗神宮」。

現在工作室在山腳大街上，樓下是7-11，隔壁是農會，對門賣臭豆腐。
是個人聲車聲交雜的忙碌街角。到這樣的工作室，比較像是來上班，在戰場，很有拚勁的。

不管是置身山林或熱鬧大街，創作都必須保有它的私密性。
它必須被保護成為一個祕密基地，大門深鎖
不允許被打擾。

在都市叢林你可以不理會任何人，可以很安全的躲在水泥洞穴裡，以一個孤立的個人生存下來。

在鄉下你反而是暴露在無所屏障的荒原。

你需要去跟人連結成為鄰里的一份子。

鷄犬相聞的人際關係沒有隱私，讓我不安。

二十年了，我還沒能在苑裡創作出從土地長出來的作品。

②

水生植物在水裡泡不爛。
但沙漠植物就禁不起浸泡。

要改造一個人是很困難的。而且沒有必要。
不同質性的人需要不同的環境來培育。

我是都會的。
我的創作養分大都來自已被加工再製，
被精緻化了的人文活動。電影、戲劇、音樂表演。
我仰賴大量的資訊來創作。
它們讓我站在一個既有的文化成就上，繼續往前創新。
在鄉下生活喪失了這些文化的刺激，失去了對話。

①

~~我成長於嘉義的鄉下，六腳~~。全村都姓侯。家裡有七個孩子。我是老么。

印象中，爸媽總是非常忙碌的要張羅小孩們的生活、學費，沒有多餘的心力來照顧我。

媽媽會給我紙筆，我便拿著板凳坐在廚房裡畫畫。

畫好了圖，歡天喜地的拿給大人看，被稱讚了，就又跑又跳的又繼續畫下一張。

我想，任何父母都會喜歡一個不吵不鬧，可以一直安靜畫畫的小孩的。

可是我很孤單。我始終就是一個人在畫畫，沒能融入其他小朋友的遊戲。

假日，我騎著腳踏車到荒郊野外去寫生。有時在樹林裡，有時在溪底，在亂葬崗裡。

好害怕，畫完拔腿快跑。

一般人總認為，對創作者而言，孤獨是必要的。但我覺得好殘忍。

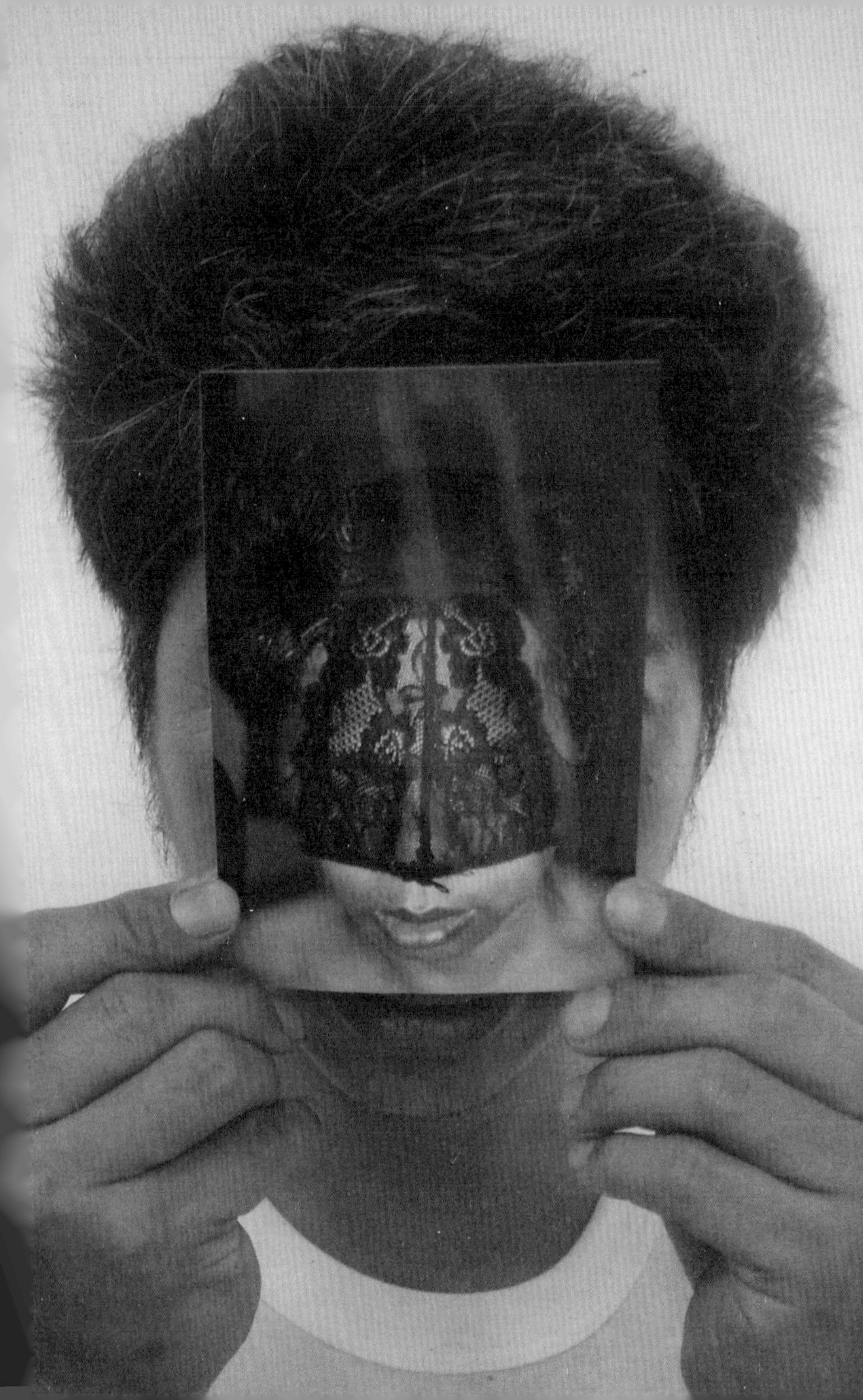

《我作品的頭、人的身體、魚尾巴以及螃蟹的手——侯俊明創作私密告白》

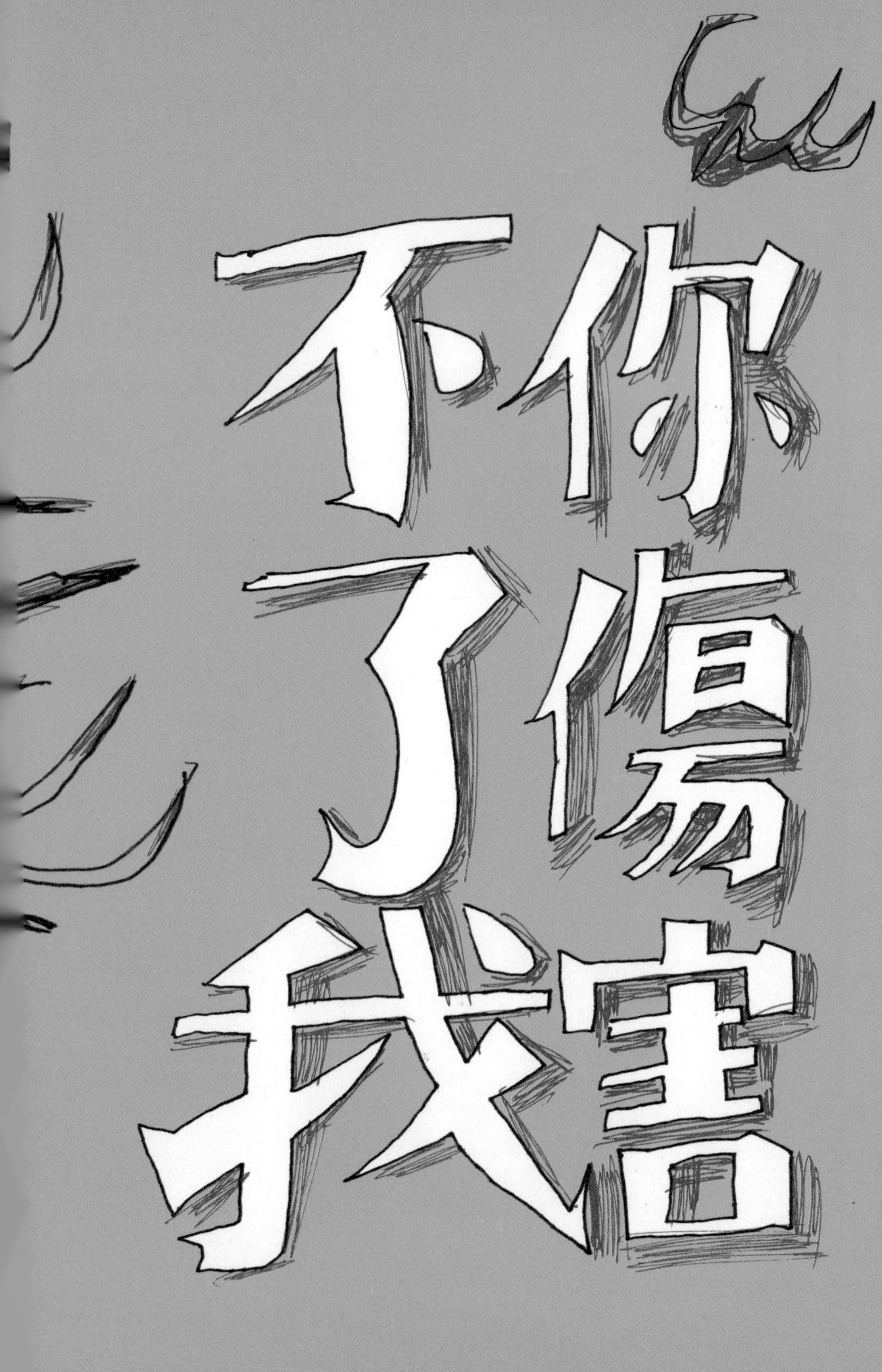
你傷害
不了我

人生在世，被攻擊是難免的。我們可以很堅強的練就刀槍不入的功夫，並且予以有效的反擊，絕不被擊倒。但事實是，根本沒有這個防衛的必要，因為「我」是被自我意識建構出來的，如果沒有「我」，那來的「我」被傷害！ '10 HOU

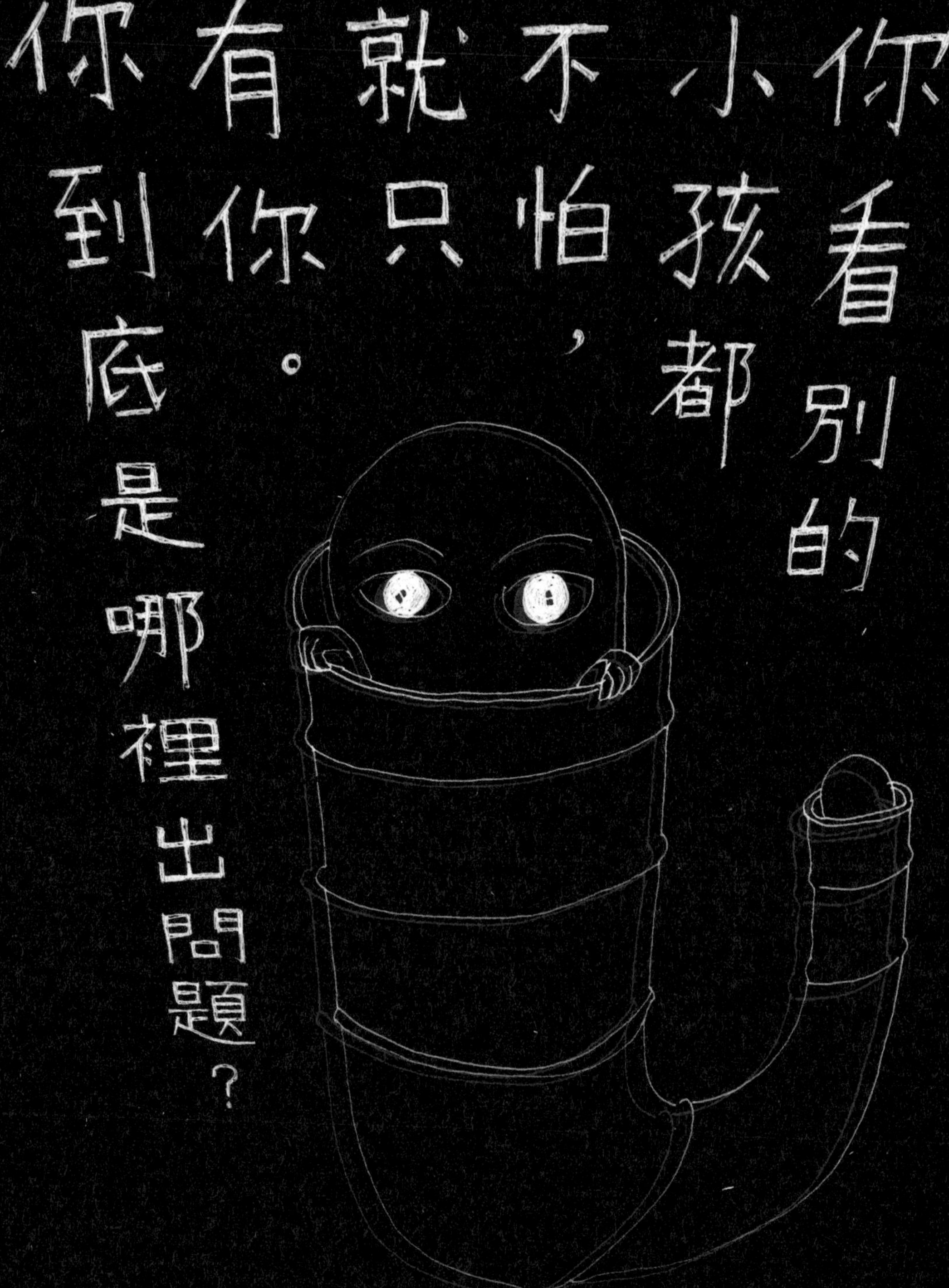
你看別的，小孩都不怕，就只有你。
你到底是哪裡出問題？

我們內在的恐懼，在他人眼中可能是很微不足道的，甚至是很荒謬可笑的。但它對我們而言卻是這麼的真實、具体巨大而且迫切。

我們對自己的膽怯要仁慈以待。但也要注意，我們生命的豐富度會隨著我們勇氣的多寡而跟著變得更為開展或者萎縮。

六腳侯氏

跳啊，跳啊！你跳啊!!

你有勇氣失敗嗎？

勇氣是用來面對失敗的。

我好害怕失敗。怕到不敢探身往前、往下看。怕到不敢任意挪動腳步。我知道有一些人一點都不害怕失敗，活得自由自在。活得從容。他們是：(1)不要命的人。(2)不要臉的人。(3)不要錢的人。因為不要命，所以敢跳，不怕摔死。因為不要臉，所以不怕丟臉，不怕失態，不怕跳得醜，不怕別人的眼光。因為不要錢就不會被別人控制、被利誘，沒有貪戀，可以很瀟灑的往下跳。如果有人同時擁有這「三不」，他就所向無敵了。

可是有一種人心中充滿了恐懼，很害怕失敗，依然勇氣十足的往下跳，他沒有「三不」只有「一有」。他唯一擁有的是「愛」。不管是他對別人的愛，還是別人對他的愛，都足以使他勇往直前，不怕失敗。早年有一首台語歌唱的就是「愛情的力量，小卒也會變英雄」。在至親的支持、陪伴下，「愛」變成了一張防護網，你知道不管你摔得多重，你都會被安穩的承接住。即使你摔死了，你也是死在他們的懷中，並且活在他們心中。

有勇氣失敗，是因為有愛相伴。

二〇一〇年　六月 [illegible]

侯

恐懼從來沒有辦法創造出愛。如果有恐懼就不可能有愛在這個世界上我們所看到的大多數的愛都是基於恐懼。然而基於恐懼的愛是虛假的恨會從內在溜出來。表面上是愛底下卻藏著恨。你會同時恨你所愛的人。

六時侯中

侯

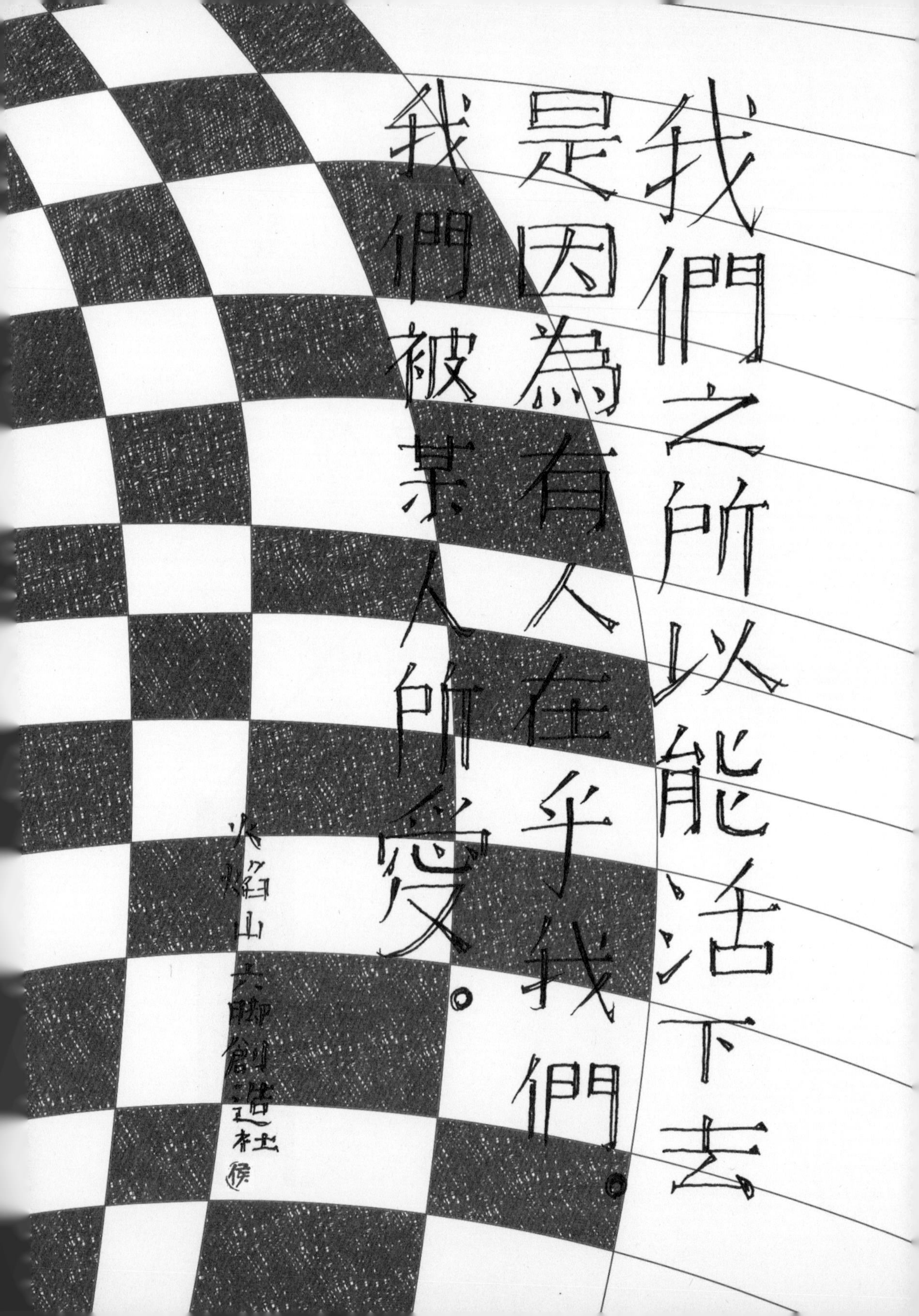
我們之所以能活下去
是因為有人在乎我們。
我們被某人所愛。
火燄山 六腳創造社
侯

有很多人因為病痛，而變得有智慧。

但也有很多人在承受病痛的時候並沒有得到任何的成長。反而陷溺在負面情緒裡，變得暴燥、不講理、老愛挑剔，愛埋怨，很不好服侍。

心信俊明

願我長成一棵大樹。成為六腳侯樹。
'10 HOU 侯

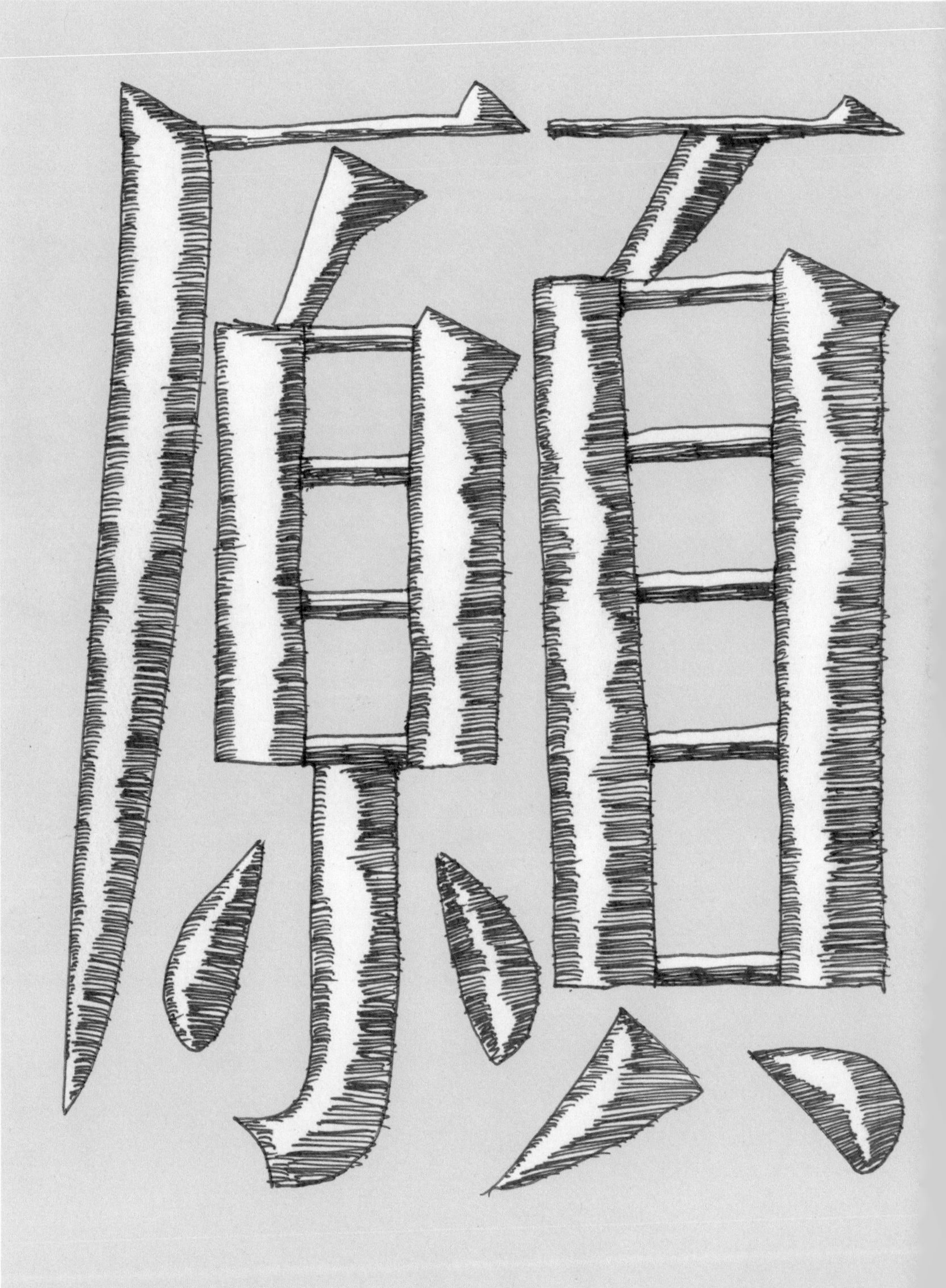
願

我不是愛哭鬼。已經很久沒有[redacted]
大概在憂鬱症狀較嚴重的時候才會不[redacted]
不斷的哭。整個人都变成了易碎品，易燃物
浸漬在悲傷裡，而悲傷可是其[redacted]

我不是色鬼。至於色魔，更是連边[redacted]
沾不上，這真是糟糕。枉費粗壯而美好的[redacted]
一直都搞不懂風流與下流的差別，索性就讓自己
無性。潔比較單純。但整個人生也跟著变無趣了。

我不是懶惰鬼。魔羯人骨子裡是很拚命的。
但我卻讓自己長期處於寸步難行的窘境。生活在
垃圾堆裡。骨瘠亂、失序、失能。如果我能夠在骨子裡
成為真正的懶惰鬼，這樣就內外一致了，至少不會在自我
期待與真實狀態中拉扯，斷裂。

我是孫悟空，豬八戒，沙悟淨與唐三藏。
一行人吵吵鬧鬧跌跌撞撞要到西方去取經。
模模糊糊，沒個方向，甚至也沒真心要去取什麼經，
但卻也還挺辛苦的翻山又越嶺，每天早起急著趕路。
如果能边走边玩，一路玩到西天，那就功德圓滿了。

遊　西元二〇一〇年　六腳侯氏　於火焰山

發炎

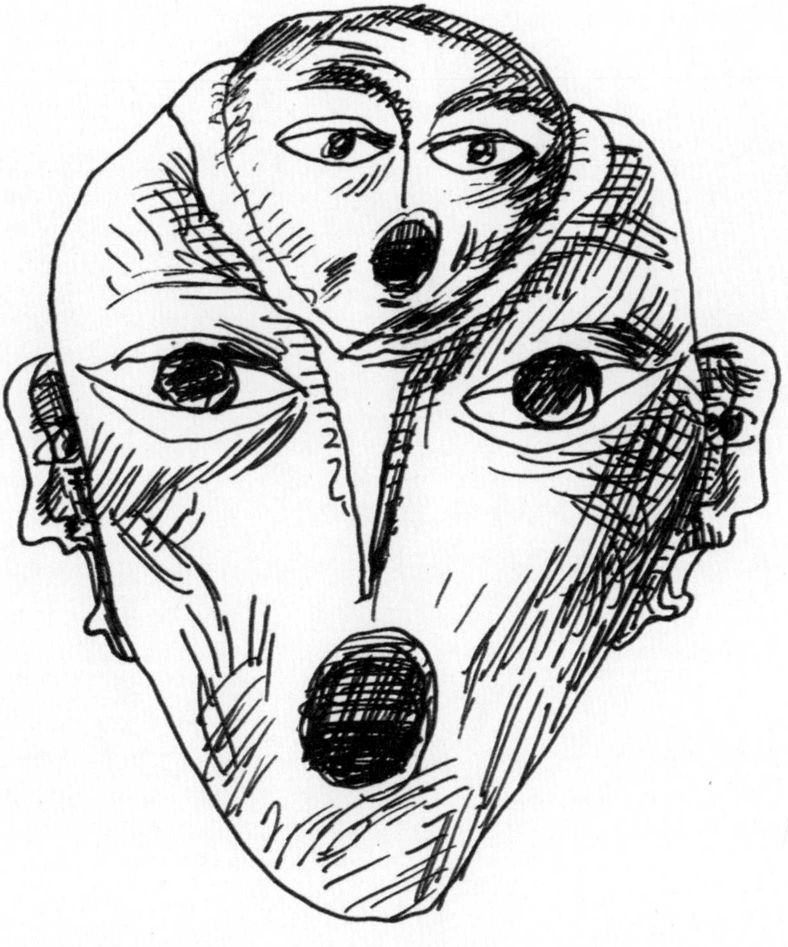

發炎的人是因為没有能夠充分的發言。
不能發言，就只好發炎。發炎取代了發言，
透過肉体的病痛表達內心深處的吶喊與抗議。

二〇一〇年 侯氏

'12 HOU

陳舊的哀傷

part.1

痛苦都是自我的。

自溺者的自救

憂鬱的雙魚總是耽溺於自我痛苦的情緒深淵裡。
我得奮力浮出水面，把目光看向遠方的人群，
看看別人到底都在忙些什麼，
看看別人是不是也有著什麼樣悲歡離合的故事在發生。
否則，終日攬鏡自照，在自我耽溺之中，
我會變身成為只能吸噬自身血脈的吸血鬼，蒼白耗竭。

別以為自閉的人都不出門。
我超喜歡出門，
喜歡出門去尋找可以做壞事的地方。
剝光了衣服，要讓自己成為一個野人，或者野獸。
但，不管是假裝成野人或者野獸，
我終究還是一個人孤單走在幽暗的荒徑裡。
有時候我也渴望與人們並肩齊步，走在大街上，
去看同一部電影，同哭共泣。
在集體的亢奮中，
熱切地感受到自己與他人一起呼吸、流汗，
共時共振、相連、相屬。

我想跟你講話。我想跟你擁有共同會唱的一首歌。
因此我用塗鴉的方式，回應著我們周遭所發生的一切。

每一則社會新聞的出現，對我而言，
都是一次撞擊，一次叩問，是不預期的隨堂考。
我得豎起耳朵張大眼睛保持警醒，我要即時作答。
答得好不好，並不重要。我並不想成為時事評論家。
但我必須去看見它們，感受它們。
我強迫我自己要對外在真實的世界做出反應。

如果我的〈塗鴉片〉能夠讓你會心一笑，讓你想起了什麼事，
或者，它甚至激怒了你！
哈哈哈，我會在夢中狂笑！因為你就是我要找的人！
讓我們來相認吧！
辦一場外星人的轟趴。

隨堂考不停塗鴉片　侯俊明

創作的源頭

要創作出一幅圖畫並不難。
如果你不介意成為一個抄襲者，而且是一個拙劣的抄襲者。

我會告訴我的學員，看到什麼有感覺的圖片，別想太多，就去抄它。
在抄襲的過程中，你自己的東西會不知不覺就跑出來了。

我們終究不是影印機。即使我們很忠實的要依樣畫葫蘆，
但我們卻把它畫成了絲瓜，甚至畫成了一條大蟒蛇，懸掛半空中。
走樣了，連抄都抄不好。那有什麼關係嗎？
不僅沒有關係，而且還十分有趣呢。

你知道一張圖片，可以隱含多少訊息嗎？有些訊息被你放大了，
甚至被你扭曲了。有些訊息被你忽略了，
甚至你根本沒看到它的存在。這就是你呀！
獨一無二的你選取了那些迎面而來的訊息，
並且，是你透過你的雙手再一次的把它們表現出來了。
如果這不叫創作，請問什麼才叫創作。

我們一直被誤導，以為在創作中有所謂的「原創」，
並且依此審查自己的創作，懷疑自己的創造力。
吼！我們拿一個根本不可能達到的理想來整肅自己，綑綁自己。
只因為擔心自己說出口的不夠有創見，而躊躇不敢表達自己。
自縛手腳，自廢武功。把大聲唱歌的權利拱手讓渡了。

所以，前陣子我就徹底的不要臉，拿起報紙、雜誌書本，
看到吸引我的圖片或文章，就開始塗塗抹抹的抄了起來。
讓它在我的腦袋裡長成一片雜草。
誰知道，這片雜草在什麼樣的機緣下會長成一片不可思議的森林。
即使它不會長成什麼森林，我也會把它當成綠肥的，
等待來春翻土，一一化成最「給力」的創作養分。

面對排山倒海而來的日常感動，要大口吞食，或細嚼慢嚥，都行。
是抄襲或原創，也都好。
只要能盡情的享受這些觸動，能暢所欲言的表達它們，就對了。

跟慾望搏鬥是一種病

侯俊明的塗鴉片

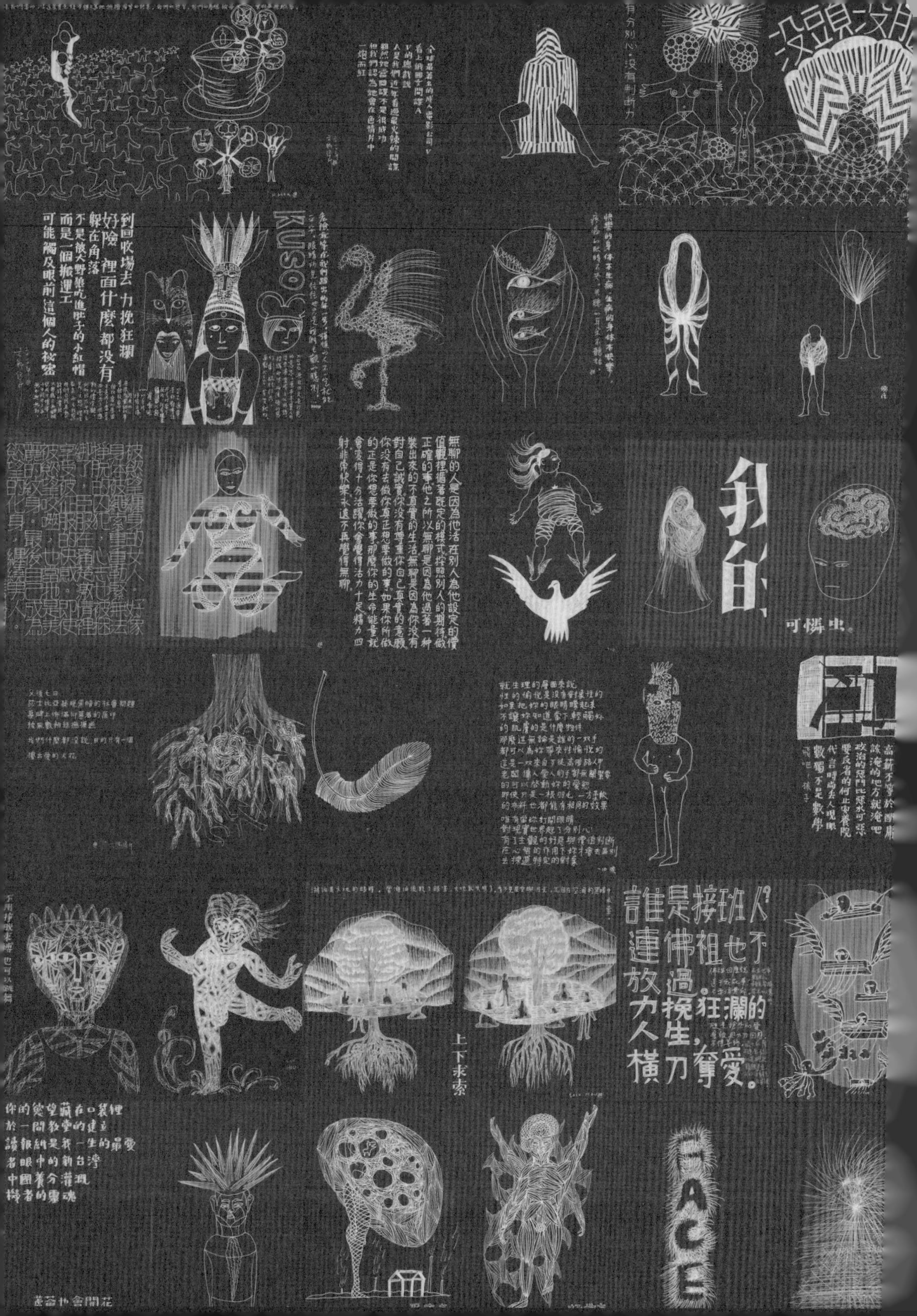
有分別心，沒有判斷力
到回收場去 力挽狂瀾
好險 裡面什麼都沒有
躲在角落
不是被大野狼吃進肚子的小紅帽
而是一個搬運工
可能觸及眼前這個人的秘密
KUSO
無聊的人是因為他活在別人為他設定的價值觀裡循著既定的模式按照別人的期待做正確的事他之所以無聊是因為他過著一種裝出來的不真實的生活無聊是因為你沒有對自己誠實你沒有尊重你自己真實的意願你沒有去做你真正想要做的事如果你所做的正是你想要做的事那麼你的生命能量就會變得十分活躍你會覺得活力十足精力四射非常快樂永遠不再覺得無聊。
可憐虫。
上下求索
誰是接班人？
連佛祖也不放過。
力挽狂瀾的人生，
橫刀奪愛。
你的慾望藏在口袋裡
於一間教堂的建立
讀報紙是我一生的最愛
者眼中的新台灣
中國養分灌溉
FACE

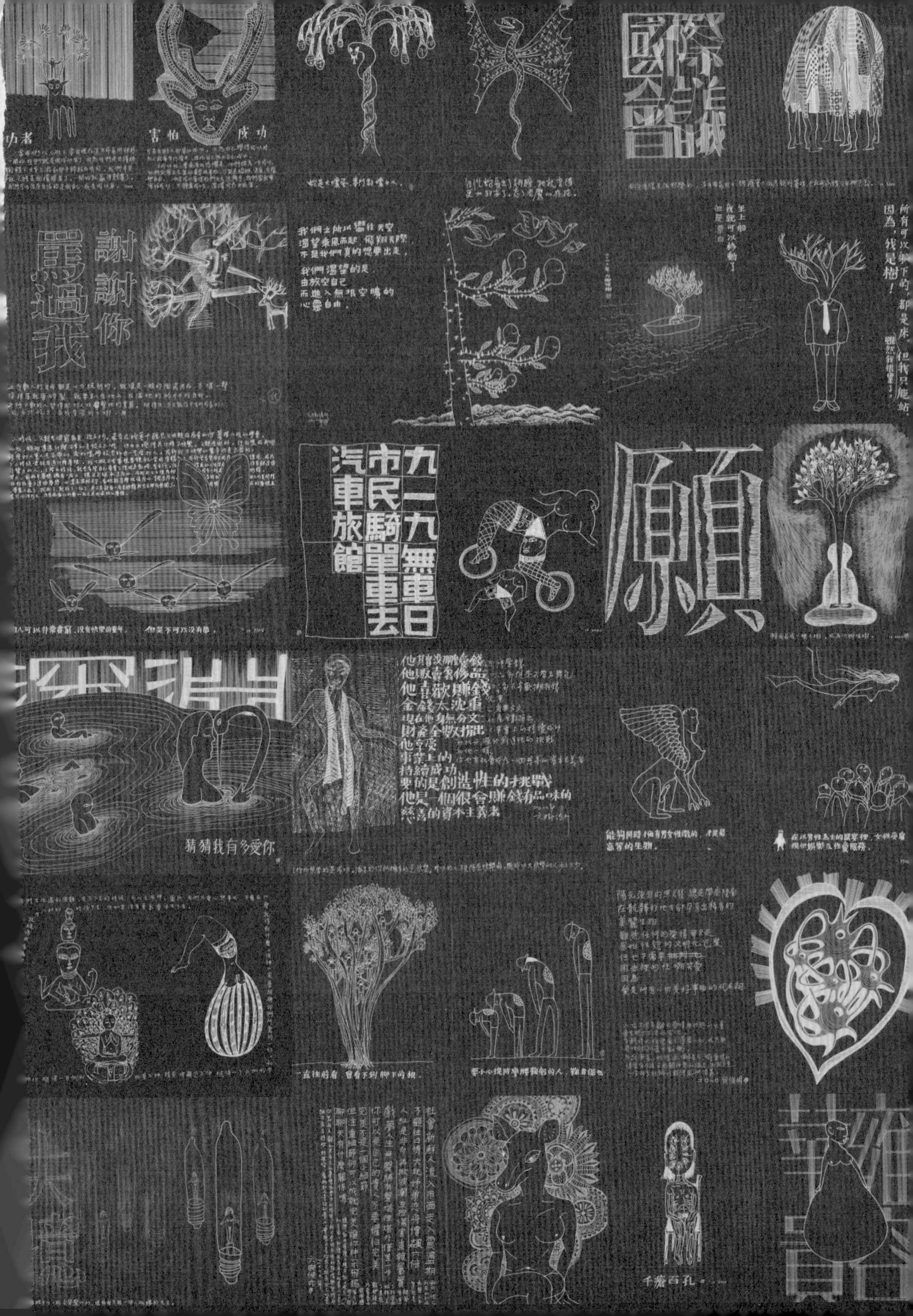
害怕 成功
謝謝你 罵過我
我們之所以嚮往天空
渴望乘風而起，飛翔天際
不是我們真的想要出走，
我們渴望的是
由放空自己
而進入無限空曠的
心靈自由。
所有可以躺下的，都是床，
因為，我是樹！但我只能站。
九二九無車日
市民騎單車去
汽車旅館
願
他其實沒賺很多錢
他販賣奢侈品
他喜歡賺錢
金錢太沈重
現在他身無分文
財產全數捐出
他享受
事業上的
持續成功
要的是創造性的挑戰
他是一個很會賺錢有品味的
慈善的資本主義者
猜猜我有多愛你
一直往前看 會看不到腳下的根
千瘡百孔

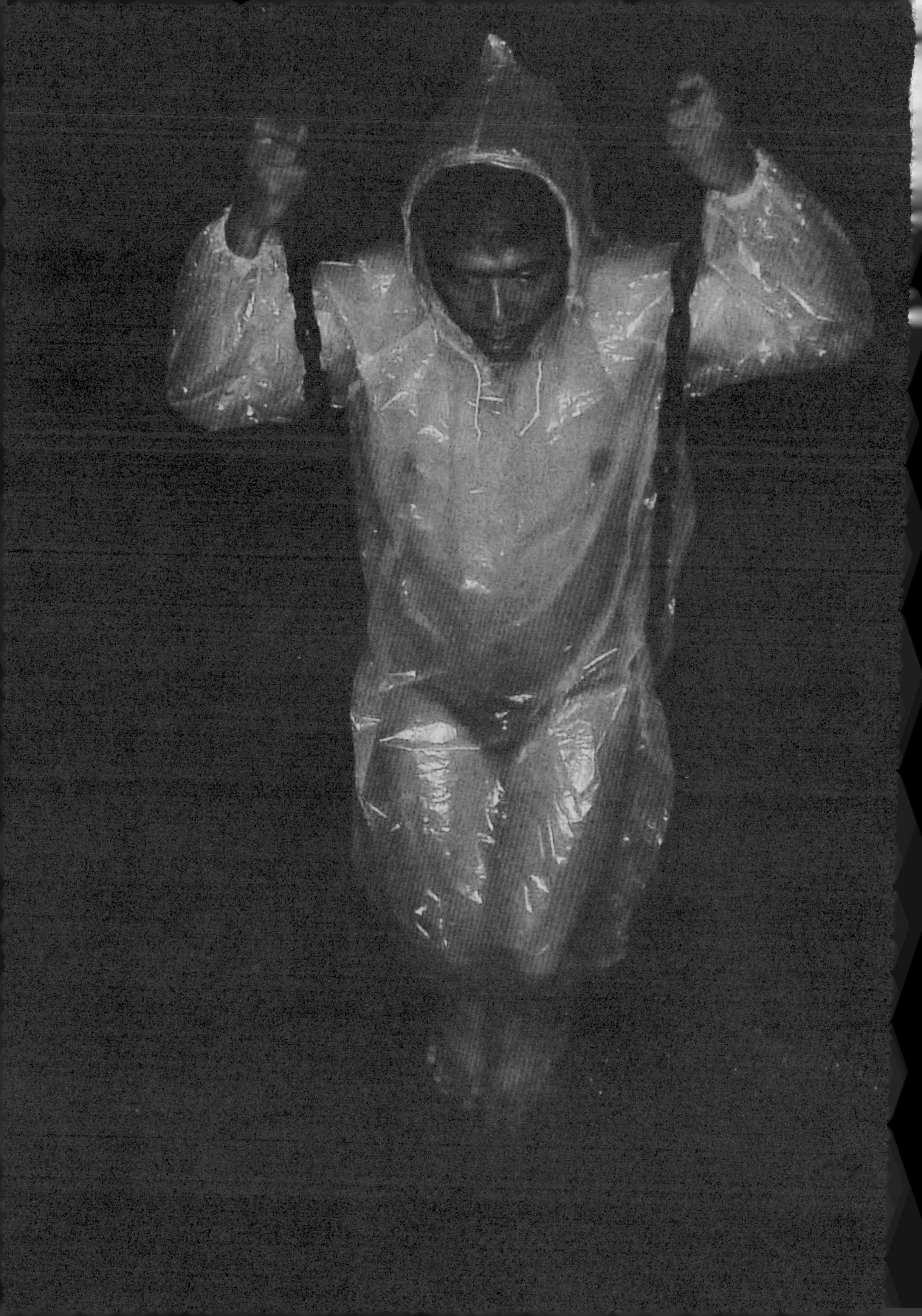

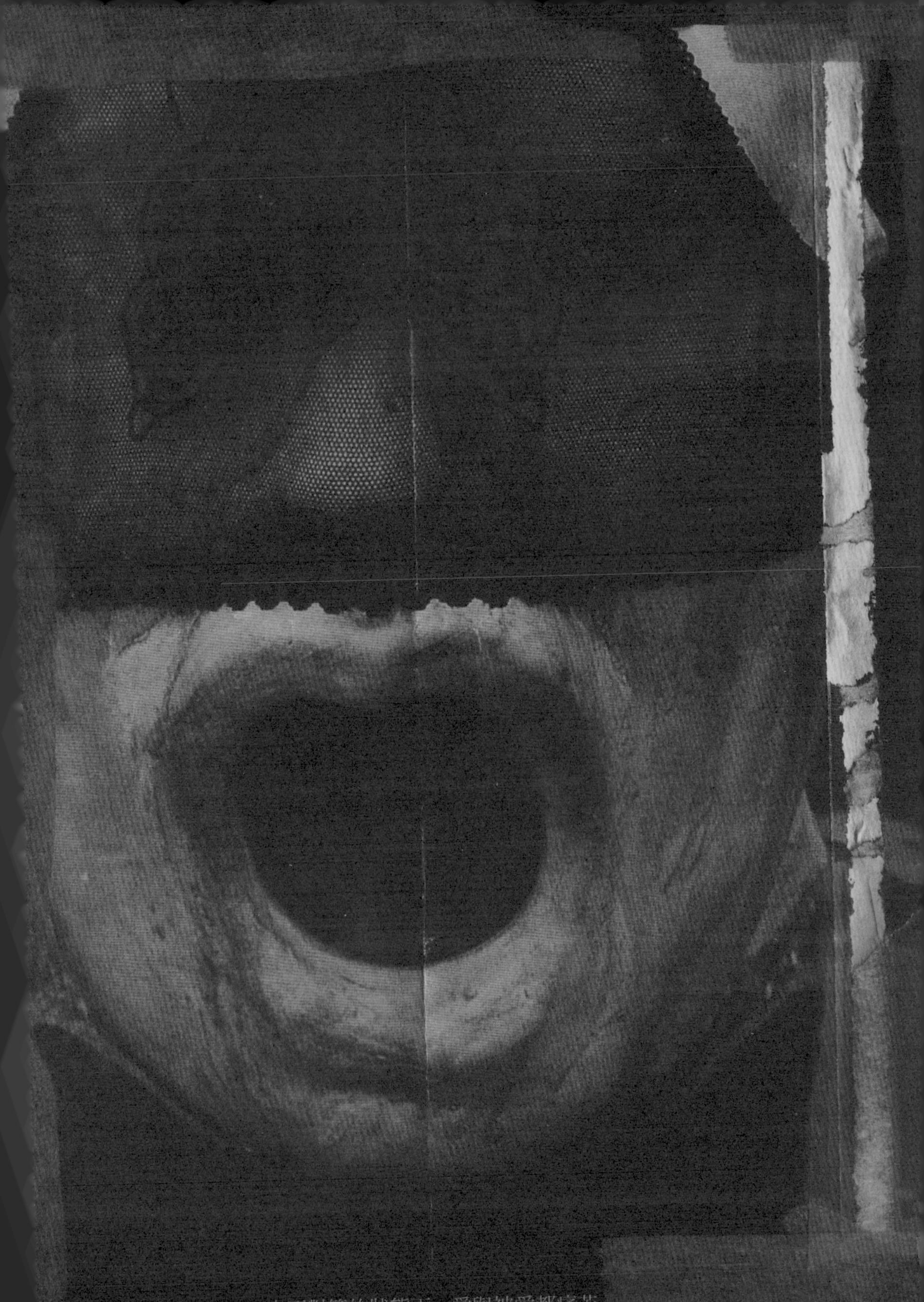

在不對等的狀態下，愛與被愛都痛苦

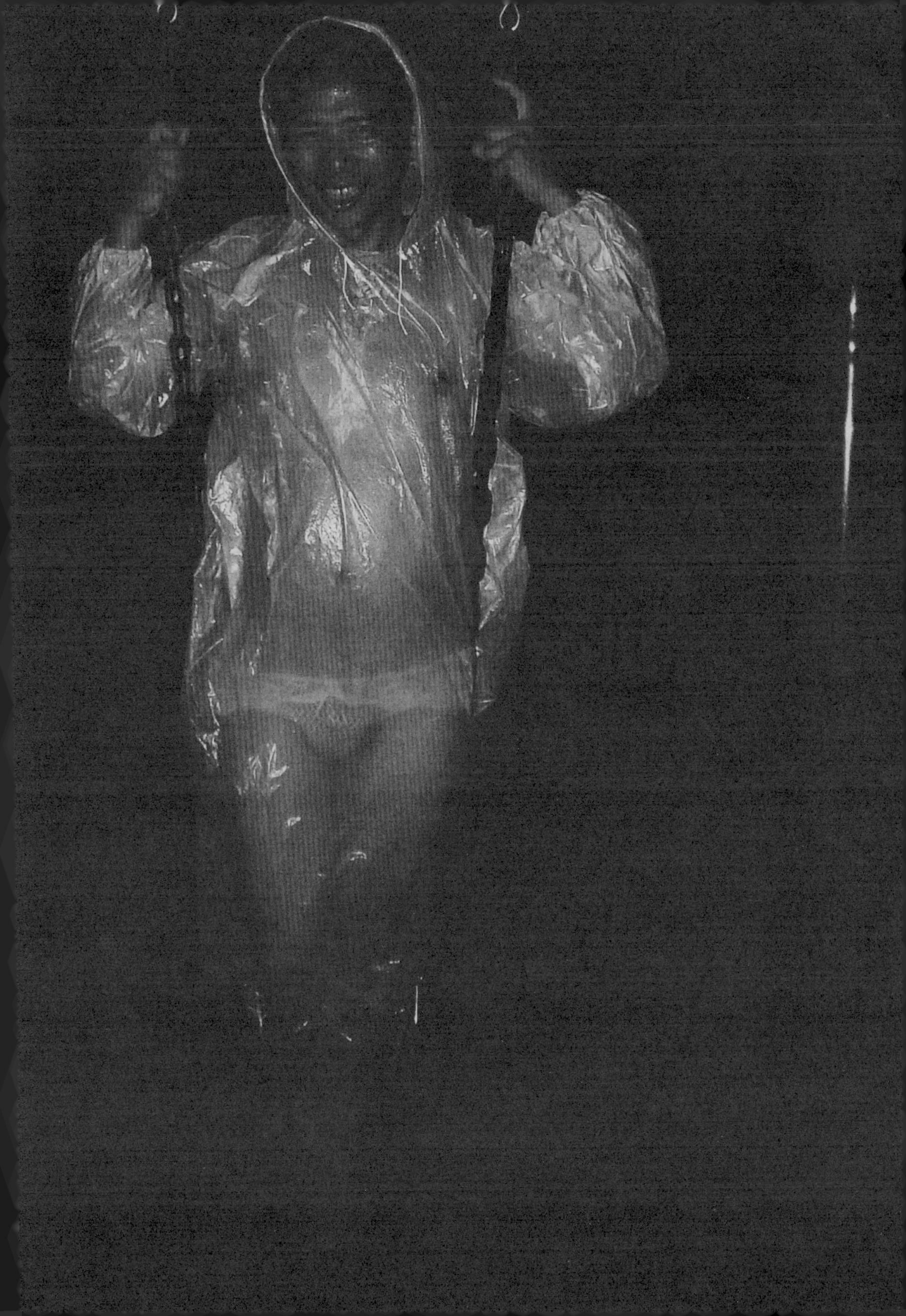

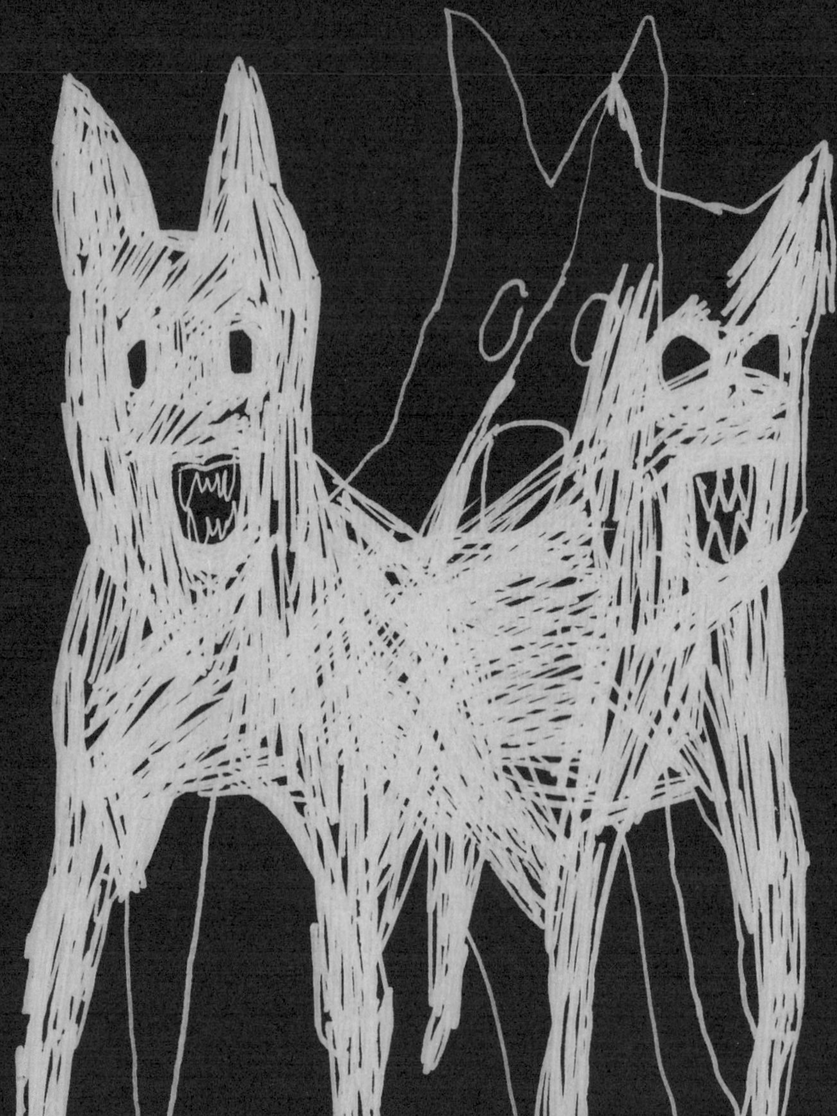

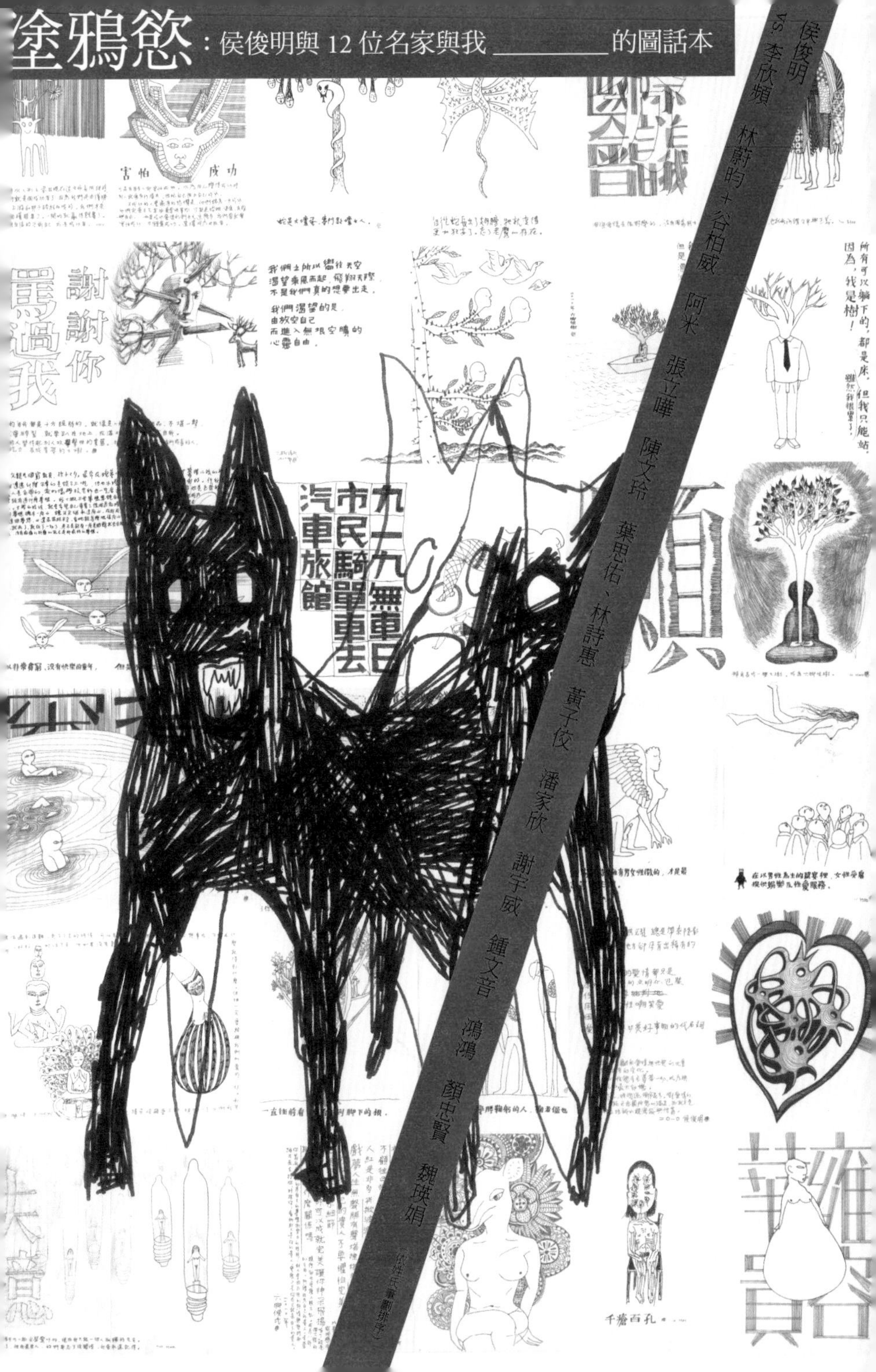
塗鴉慾：侯俊明與 12 位名家與我 ________ 的圖話本
侯俊明
vs. 李欣頻
林蔚昀＋谷柏威
阿米
張立曄
陳文玲
葉思佑、林詩惠
黃子佼
潘家欣
謝宇威
鍾文音
鴻鴻
顏忠賢
魏瑛娟
（依姓氏筆劃排序）

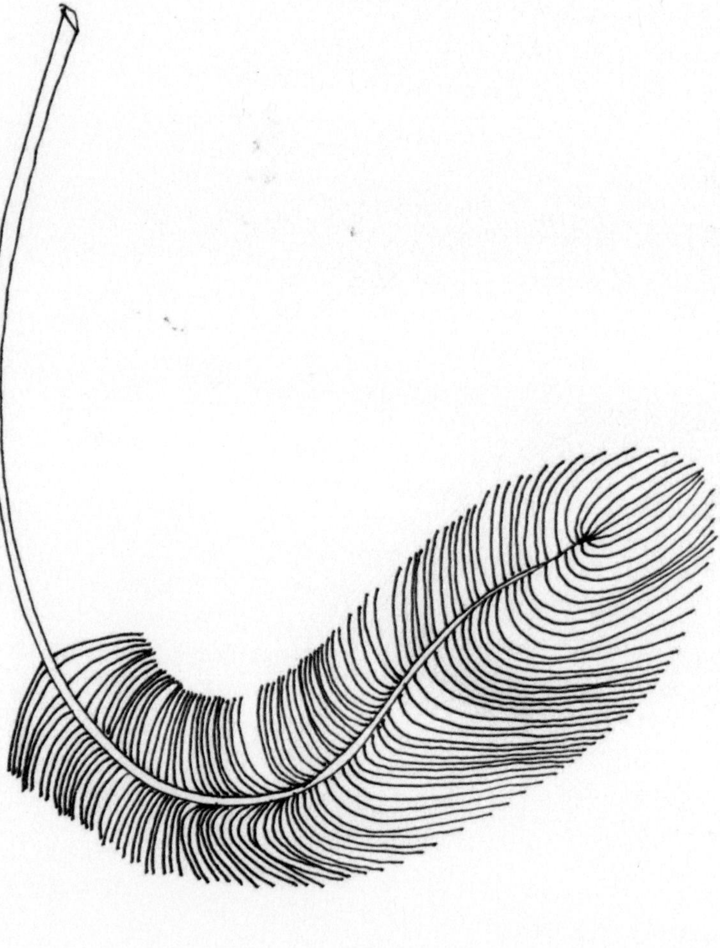

為你的慾望正名

／侯俊明

不曉得你是不是也這樣？
即使懼怕懲罰， 被架上刑台兩腿會發軟，
但對慾望的追求卻不鬆手。

我們總是為了滿足慾望，在繁華盛開的人世，
墜入地獄。

生而為人，卻有著禽獸的身體，讓我們活得好害怕，
好緊張，也好快樂。

做人好難，不如去當野狗比較容易些。
但當我們真的變成野狗的時候，卻猛然發現，情況更糟。
你被追打得更兇，無處可逃。

其實，不管你變成什麼動物，
總會有個「老大」在那邊監控著你的慾望。

每次看到那些作奸犯科的人被扭到警察局，
被媒體以羞辱性的字眼報導時， 自己都要倒抽一口氣，
慶幸被抓的不是我。

我是個藝術家，喜歡從社會事件取材，
好讓自己的慾望可以躲藏在這些批判性的圖文創作裡，
混入人群，指著別人罵，免得自己被亂棍打死。

從事藝術創作，好比做夢。
夢在揭露、釋放我們內在最深沈的恐懼、慾望的時候，
巧妙的以隱喻、象徵等等扭曲誇大變形的手法，
躲過檢查哨。完成壓力的釋放。

我總是以調侃、反諷、瞎掰胡扯的方式，
在藝術裡進行著慾望的表達。
慾望，讓我活跳跳充滿創造力；而創造性的去表達慾望，
也讓我的慾望得以被正名，甚至被認可。

或許你不必像我這樣，
大剌剌的將自己奇奇怪怪的慾望都公諸於世。
但你可以試著也把你~~「見不得人」~~的慾望，形諸筆墨。
讓它們可以很私密的被你敘舊，被你摟在懷裡。

常有人問，為什麼情慾會成為我創作的主軸。
我可以告訴你我是在什麼樣的社會政治經濟文化背景下，
創作出這樣嚇人的作品來。
但，其實不管是在什麼年代，~~情慾~~ 總是被壓制在
最深最暗的心靈底層，潛伏在身體裡，蠢蠢欲動。
一旦有機會把它釋放出來，它將成為最具原創性的表達。

如果你也能把這最切身的~~情慾~~ ~~問題~~表達出來，
不用抽煙、酗酒、吸毒去尋找靈感，
只要與你自己的內在慾望聯結，
你也可以源源不絕的接通你的創造力。

圖／侯俊明

黃 子 佼 ｜跨媒體創作人

她，是個抗議的人。輕聲的迴盪，卻貼心許久。

信念是一顆種子。超凡入聖後回歸塵俗。撫慰了我們疲憊的心。一切事物的發生都不是意外與巧合，上天的禮物送給有心迎向燦爛曙光的人。不妨找個安靜的空間進入心靈運作的法則。世人都因為被催眠而阻礙了生命潛能。直到最終才豁然開朗。這或許正是心念創造了外在現實。名氣是心靈毒藥，讓我們上癮，讓我們永遠渴望。有些跋扈的父母是一片好意，有些父母純粹就是跋扈。雖然很難找到真憑實據，但夢想不會消失。一旦要說自己的好話時，卻是困難重重。幾乎在每個團体裡，都能找到狂人的蹤影，權力是他們的主食。用全副精力打擊成員的創造力。渴望休息是很正常的。成長是詭異的前進運動—進兩步退一步。做一件讓自己覺得沒有安全感的事。當初最排斥的人，完成後收穫最多。

'10 六勝侯仔

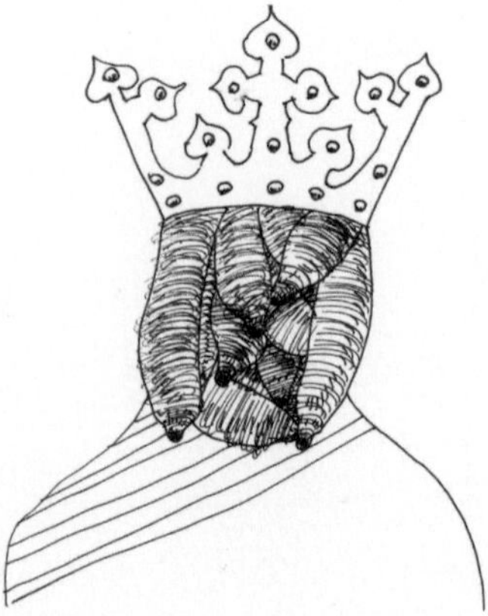

圖／侯俊明

侯潛意氏

信念是一[redacted]種[redacted]撫慰[redacted]
疲憊[redacted]都不是[redacted]巧合[redacted]
[redacted]給有[redacted]光的人[redacted]安靜[redacted]
[redacted]心靈[redacted]的法則[redacted]被催眠[redacted]
[redacted]潛能[redacted]豁然開朗[redacted]
[redacted]現實[redacted]是[redacted]毒藥[redacted]
[redacted]永遠[redacted]跋扈[redacted]
好意[redacted]很難[redacted]
[redacted]夢想[redacted]消失[redacted]
[redacted]每個[redacted]狂人[redacted]
[redacted]全[redacted]力打擊[redacted]
創造[redacted]渴望[redacted]
[redacted]進兩步退一步[redacted]自己[redacted]
[redacted]排斥[redacted]後收穫最多。

'10 六腳侯俊明 侯

'13 水源鴻鴻

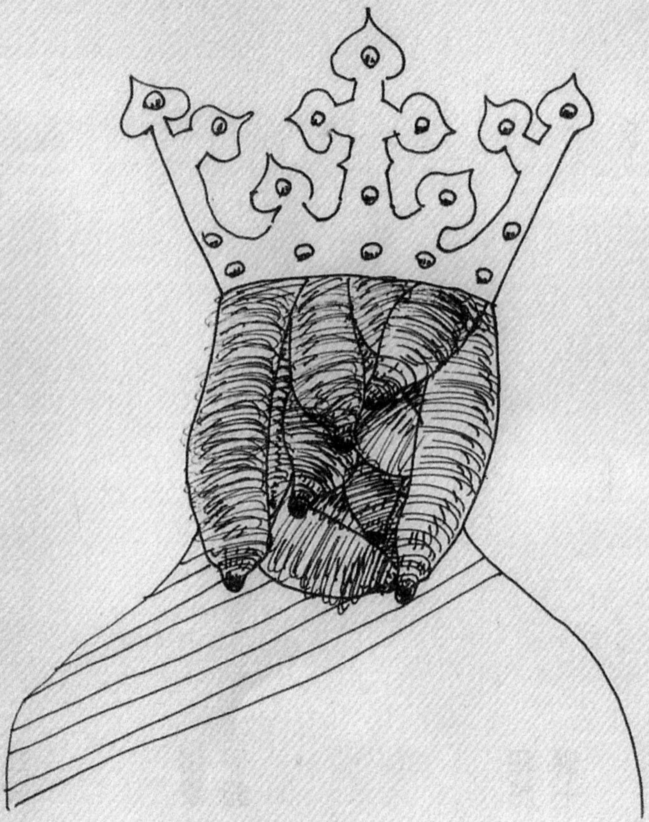

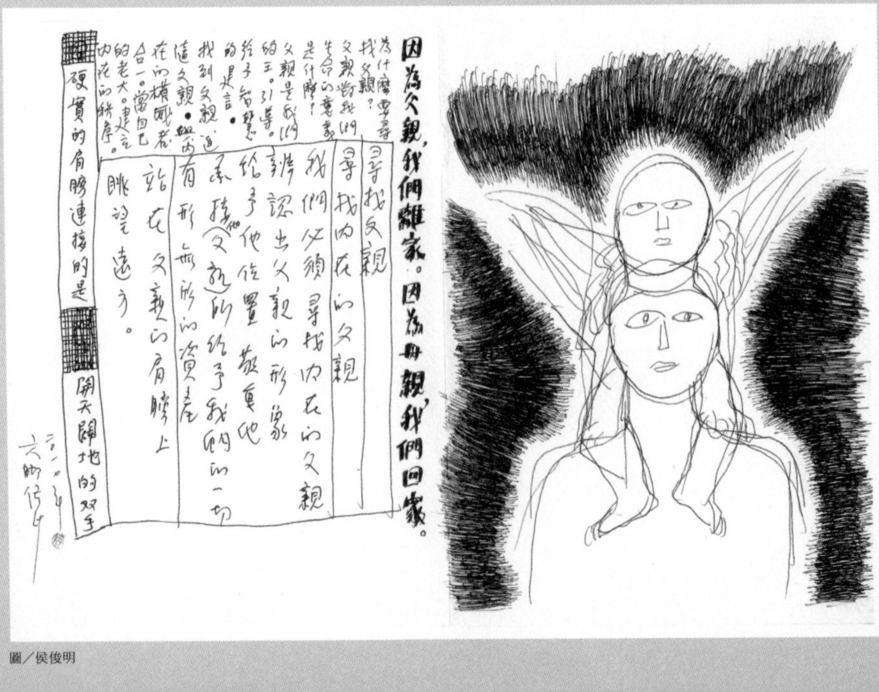
因為父親，我們離家。因為母親，我們回家。
為什麼要尋找父親？
尋找父親
尋找內在的父親
我們必須尋找內在的父親
辨認出父親的形象
給予他位置 敬重他
有形無形的資產
站在父親的肩膀上
眺望遠方。
硬實的肩膀連接的是
開天闢地的雙手

圖／侯俊明

因為父親，我們離家。因為母親，我們回家。

尋找父親
尋找內在的父親
我們必須尋找內在的父親
辨認出父親的形象
給予他位置 敬重他
承接他（父親）所給予我們的一切
有形無形的資產
站在父親的肩膀上
眺望遠方。

為什麼要尋找父親？
父親對我們生命的意義是什麼？
父親是我們的王。引導。給予智慧的建言。
找到父親、追隨父親。與內在的權威者合一。
當自己的老大。建立內在的秩序。

硬實的肩膀連接的是　開天闢地的雙手

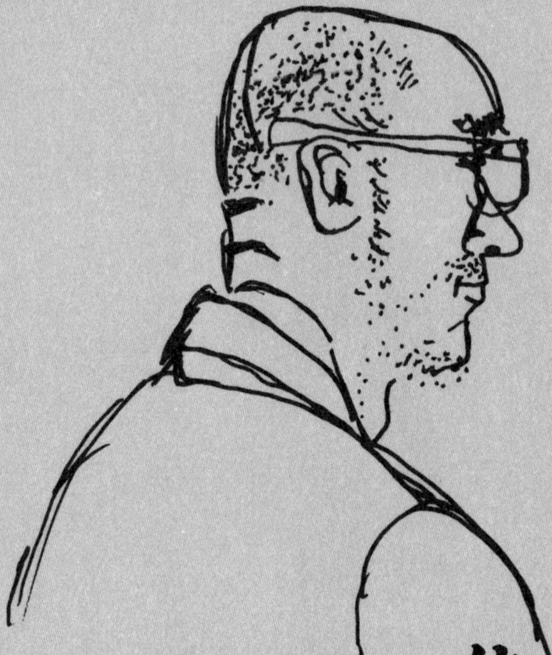

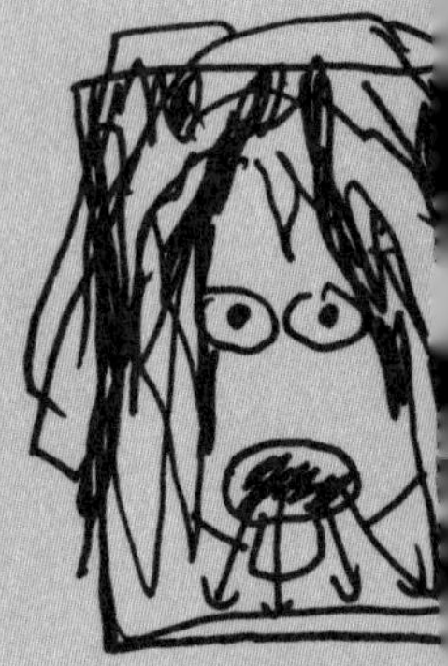

就是想

他媽媽的

他媽媽的故事很像

是親生爸爸但這並不

他會尊敬他所以該

呢總之，

爸爸都是自

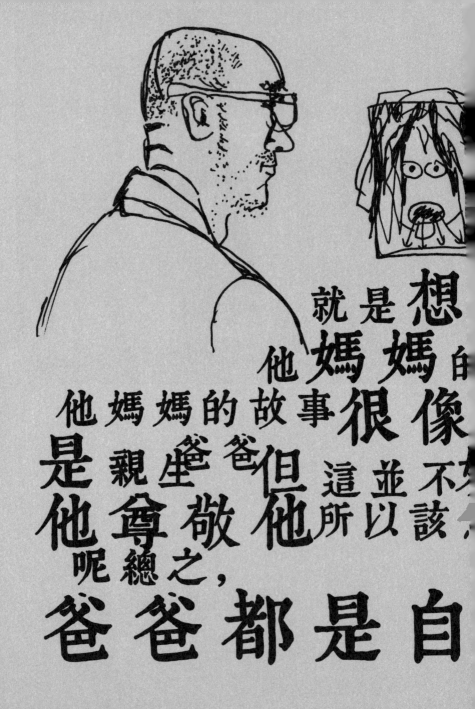

我遇見這個跟

爸爸不像
的男人但我
畫 他後來聽完他跟
故事果然和我爸爸跟
上我從來就懷疑爸爸不
愛
礙我
麼說

我的

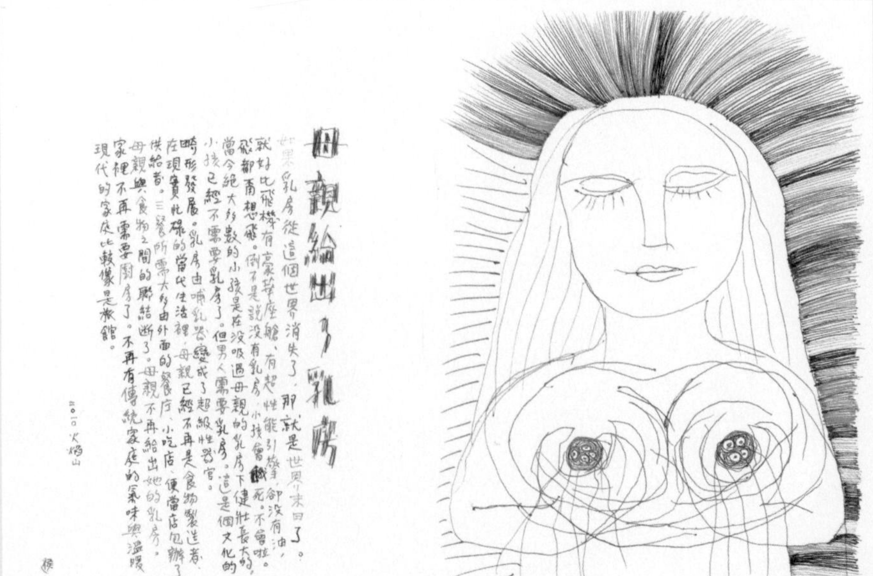
母親給出了乳房
如果乳房從這個世界消失了，那就是世界末日了。
就好比飛機有豪華座艙、有超性能引擎，卻沒有油，
飛都甭想飛。倒不是說沒有乳房，小孩會餓死。不會啦。
當今絕大多數的小孩是在沒吸過母親的乳房下健壯長大的。
小孩已經不需要乳房了。但男人需要乳房。這是個文化的
畸形發展。乳房由哺乳器變成了超級性器官。
在現實忙碌的當代生活裡，母親已經不再是食物製造者、
供給者。三餐所需大多由外面的餐廳、小吃店、便當店包辦了。
母親與食物之間的聯結斷了。母親不再給出她的乳房。
家裡不再需要廚房了。不再有傳統家庭的氣味與溫暖，
現代的家庭比較像是旅館。
二〇一〇 火焰山
侯

圖／侯俊明

母親給出了乳房

如果乳房從這個世界消失了，那就是世界末日了。

就好比飛機有豪華座艙、有超性能引擎，卻沒有油，

飛都甭想飛。倒不是說沒有乳房，小孩會餓死。不會啦。

當今絕大多數的小孩是在沒吸過母親的乳房下健壯長大的。

小孩已經不需要乳房了。但男人需要乳房。這是個文化的

畸形發展。乳房由哺乳器變成了超級性器官。

在現實忙碌的當代生活裡，母親已經不再是食物製造者、

供給者。三餐所需大多由外面的餐廳、小吃店、便當店包辦了。

母親與食物之間的聯結斷了。母親不再給出她的乳房。

家裡不再需要廚房了。不再有傳統家庭的氣味與溫暖，

現代的家庭比較像是旅館。

魏瑛娟 | 劇場編導

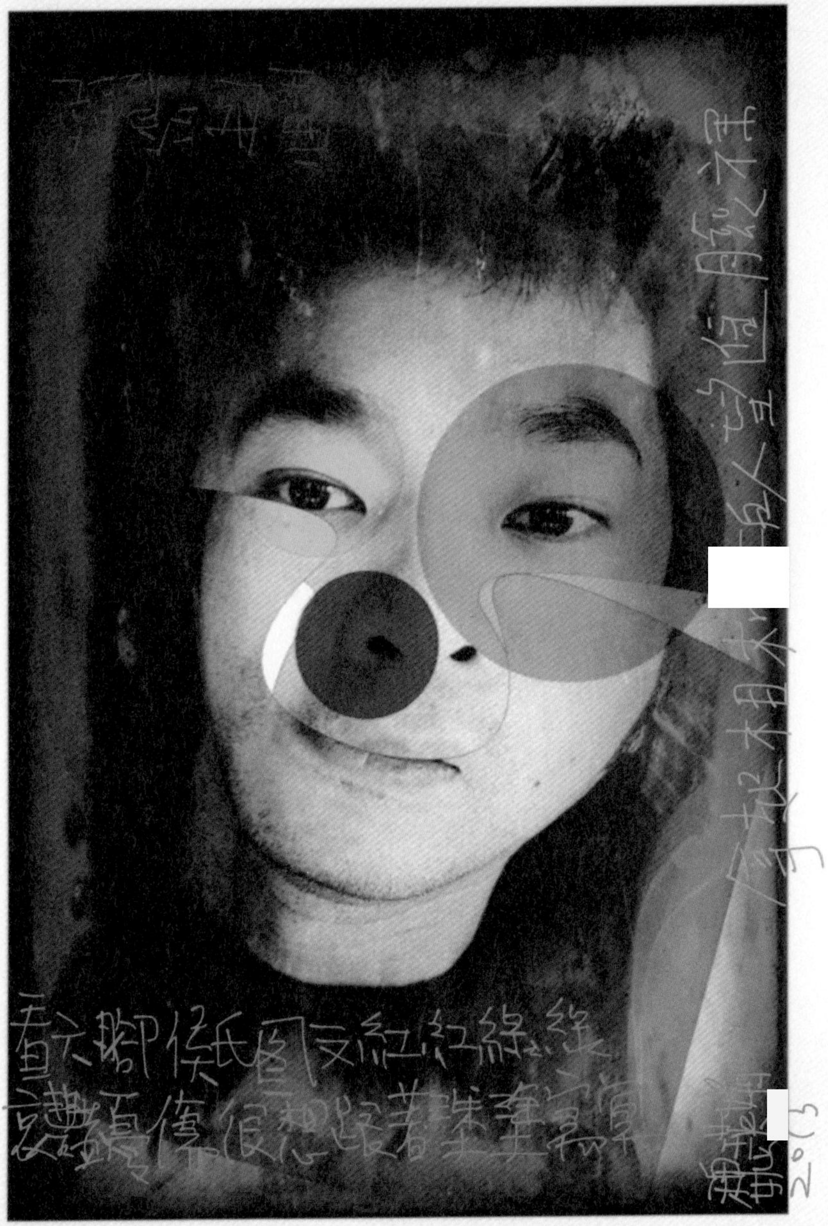

陳舊的哀傷

圖／侯俊明

陳舊的哀傷

爸爸打媽媽，
媽媽打小孩打狗，
還有窮，
老師打我，
同學欺負我，
媽媽被
砂死車撞到
腿都破了，
獨居又男友
愛我打我做愛爽，
全家吵架，我
渴望愛如陽台
植物，失業、生病 憂鬱症它啃蝕我
時候骨頭會變成粉紅色，瘋子
沒救了沒救了可是突然，曙光是什

阿米｜詩人

被抓回來
吃到死的
精神分裂症大脉安立腹
很多很多的
風子阿達阿達……唉
麼顏色？告訴我我也想甩掉肥肉
'13 HOU

從眾，是一件快樂的事。
當傻瓜比較幸福。
完全不知道自己
被騙的人，
就完全沒有
被騙的問題。
一直擔心自己
會不會被騙的人，
在衝突矛盾之中
一直在內耗自己。
即使他沒有被騙，
但他已經付出了
極高的代價。
損失慘重。

圖／侯俊明

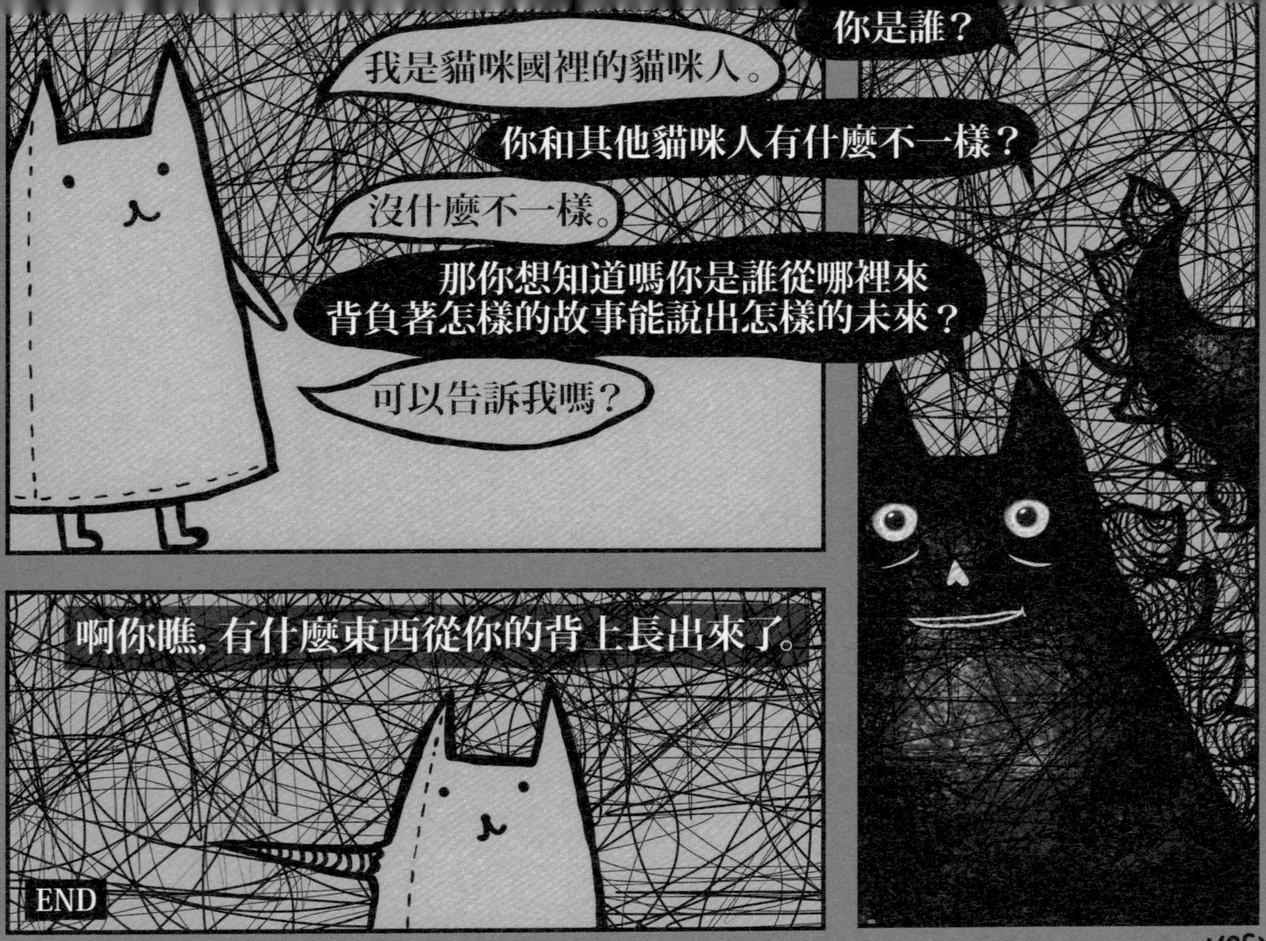
你是誰？
我是貓咪國裡的貓咪人。
你和其他貓咪人有什麼不一樣？
沒什麼不一樣。
那你想知道嗎你是誰從哪裡來
背負著怎樣的故事能說出怎樣的未來？
可以告訴我嗎？
啊你瞧，有什麼東西從你的背上長出來了。
END
yesyo

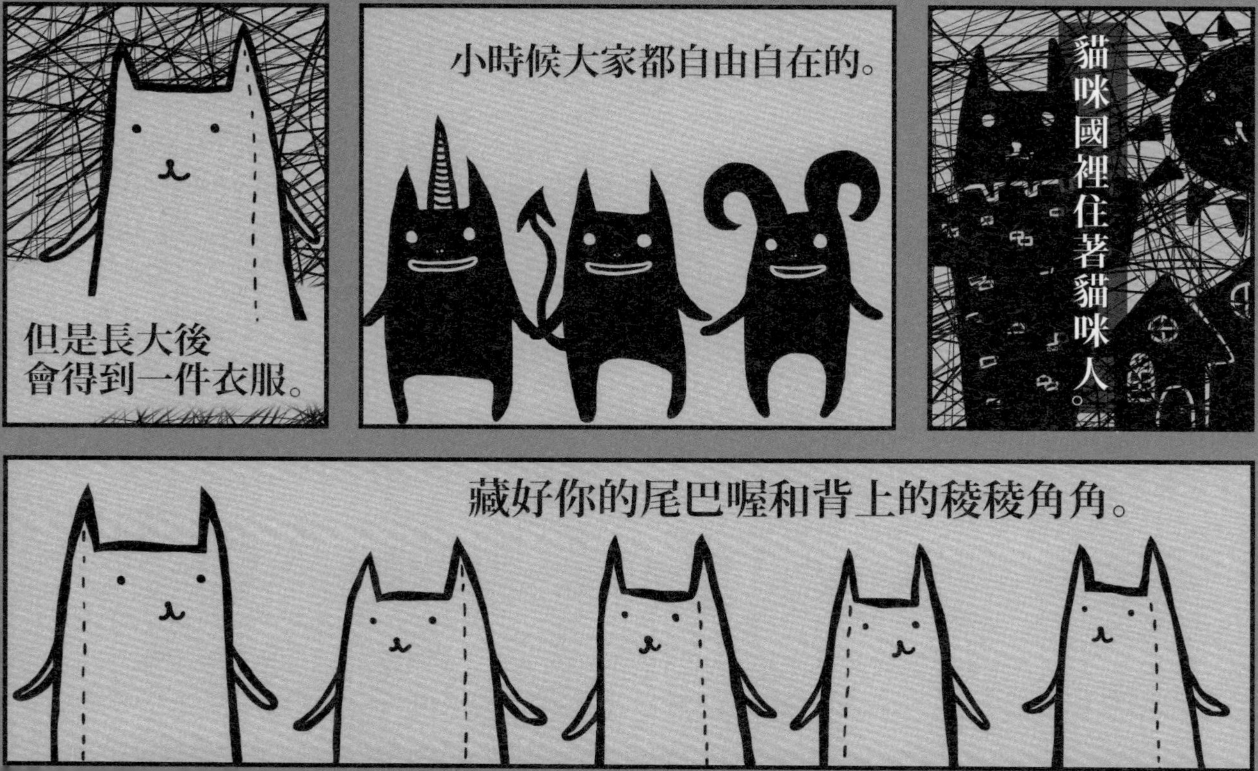
貓咪國裡住著貓咪人。
小時候大家都自由自在的。
但是長大後
會得到一件衣服。
藏好你的尾巴喔和背上的稜稜角角。

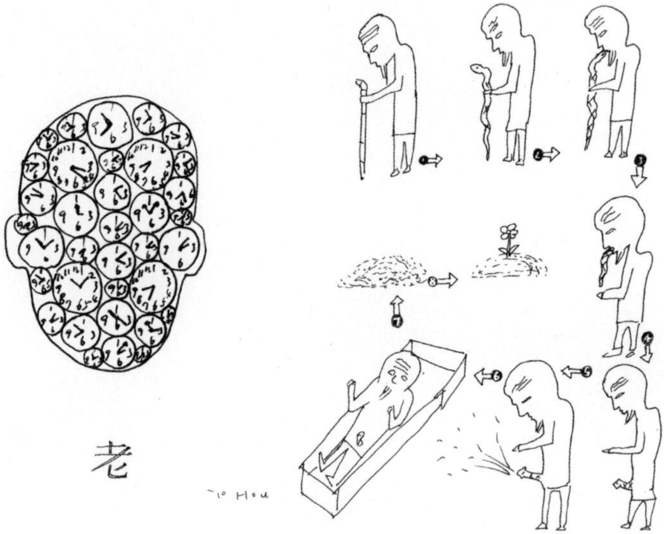

圖／侯俊明

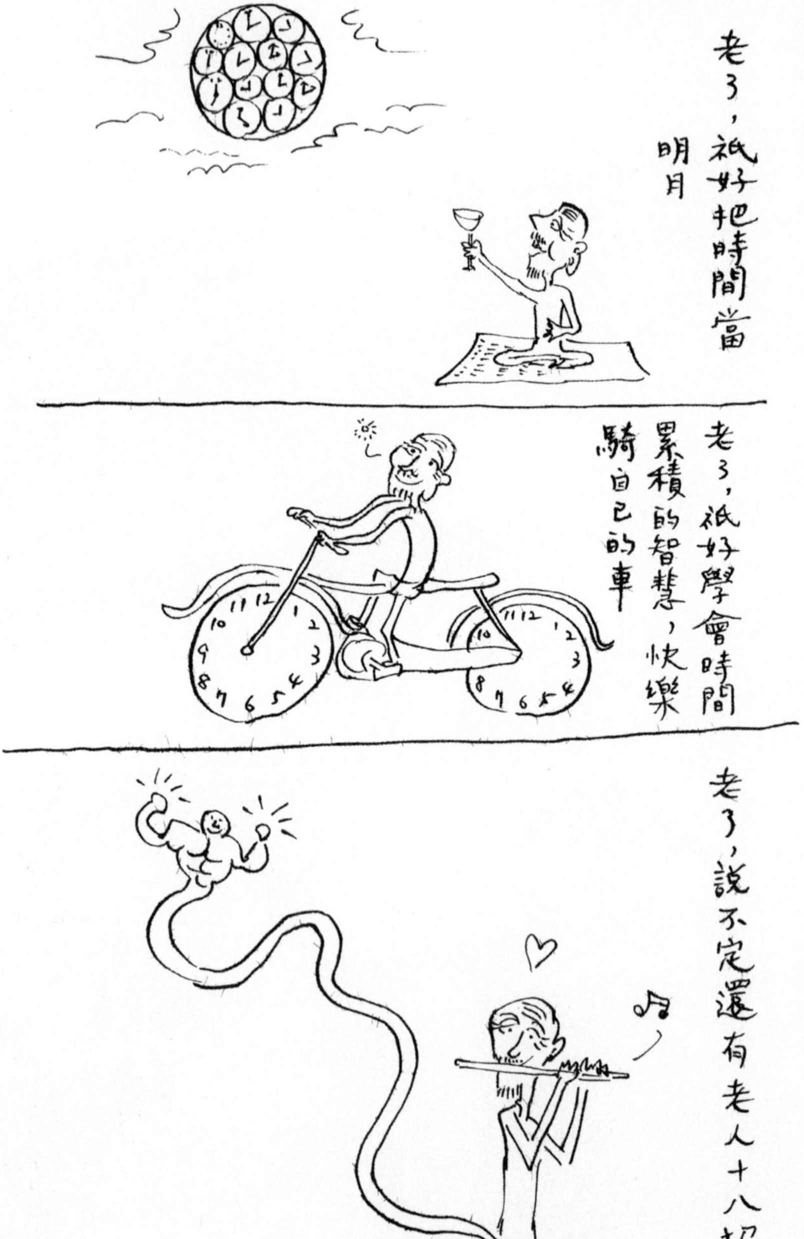
老了，祇好把時間當
明月
老了，祇好學會時間
累積的智慧，快樂
騎自己的車
老了，說不定還有老人十八招

張立曄 ｜畫家

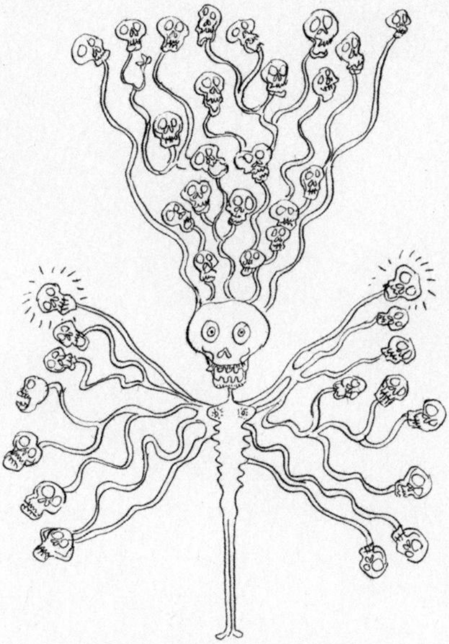

死神是最厲害的，全世界每個人都怕他

死亡之後就是生長，就像冬天之後接著春天

那 吒

那吒愛上了龍王貌美的孩兒，兩個小娃說好，要私奔到極北極荒之處，省得還要跟雙方家長溝通，動之以情說之以理，實在很煩。你知道大人都會比較支支歪歪一點。

不料，在逃走的過程中，被守夜的侍衛發現，那吒與龍宮侍衛大打出手，而他本是神體神力，打一隻大閘蟹綽綽有餘。想不到力道過猛，把大閘蟹侍衛巨斧一般的手臂也打飛出去，精確擊中了愛人的肋骨。龍太子當場吐血身亡，那吒心都碎了，將那隻斷裂肋骨取出，簪在髮上，痴痴呆呆回到了李靖家中。

龍王自然是不肯罷休，好好的一個孩子死無全屍。他衝到李靖家中，要一個交代，可憐李靖夫婦，連太子的臉都沒見過，只見到一個血肉模糊的小龍屍體，嚇得話都說不出來，如何給交代。那吒抽了他爹腰際的刀，說，我來交代便是了，於是當著死去愛人的面前，一刀削掉了自己的手足，又將全身的皮肉剮去，骨頭一根一根剁下來。

到了最後，這孩子滿臉是血，只剩下頭上一撮胎毛簪著潔白如玉的龍骨，兩個闇黑的眼珠子，他說：「我從此再也不見這天。」挖出了右眼球。又說：「這傷心地，我也不要見了。」將左眼也挖出，軟軟的倒下了。

李靖夫婦已完全痛暈過去。那龍王還不解氣，見那屍體上猶簪著龍兒的屍骨，過去一把便將那吒的頭顱擰下來。於是那吒的靈回到水中，只有水的母親能容納一切痛與悔，那吒的痛悔如此生猛，染紅了一大片海洋，是為紅海。那吒與龍王太子的靈魂死後並沒有相聚，紅海也在千年後褪色，而月老說，他手上沒有一條紅線能夠記住一頭龍和一個男人的愛。

文／潘家欣

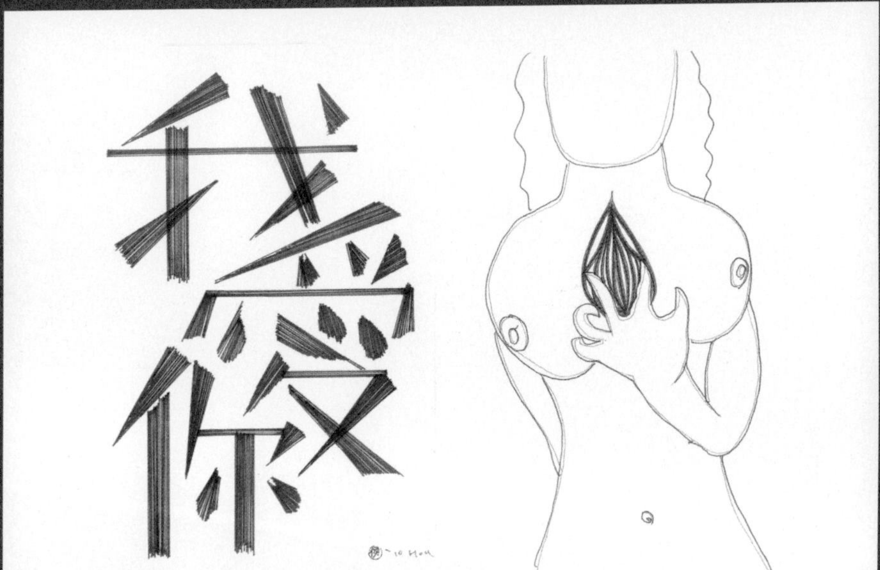

圖／侯俊明

潘家欣｜詩人

橋下的 People

坦克的鑰匙在哪裡？

林蔚昀 + 谷柏威 ｜藝術家

愛的告白：我永遠愛葛吉娜

你永遠不曾孤單

沒有瘋狂的愛情就像沒有翅膀的鳥

大彌愛卡洛(琳娜)

我愛彼得

我愛瑪塔

艾蜜莉我愛妳　彼得

妳是我的一切　我愛妳　我也愛你

我愛羅伯

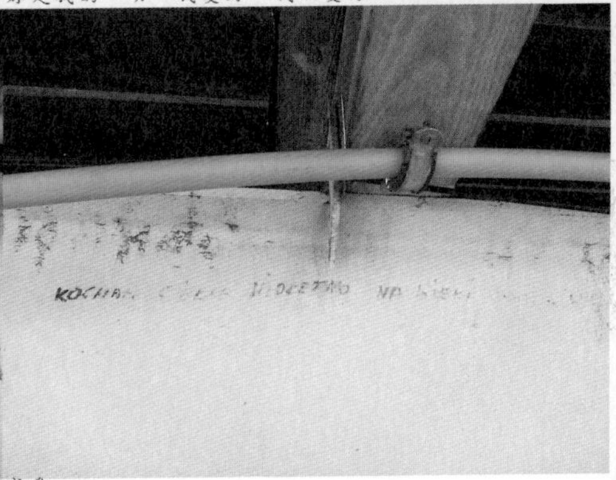

我愛…

本詩題目〈橋下的人們〉(People under a Bridge)是向辛波絲卡的詩作〈橋上的人們〉(People on a Bridge)致敬。
本詩所用照片攝於波蘭Sopot市的木棧橋下。

攝影及排列：林蔚昀 (Wei-Yun Lin-Górecka)
影像及排版：谷柏威 (Paweł Górecki)

如何才能自痛苦中解脱

圖／侯俊明

謝宇威 | 音樂人、畫家

尋找到如「刺鳥」般的樹嗎？值得以身相許嗎？
如愛要以身相許，那愛許我們什麼？
荒蕪，荒原，荒涼，慌忙，慌張，慌亂 ......
他孤獨地想著，想到樹葉都快落光了
還是不想狠狠地「刺」上自己的胸膛
因為他知道，刺鳥只是神話
他不想發神經 ....
好好的生命，愛自己的生命，才能讓愛有呼吸的土壤！

文／鍾文音

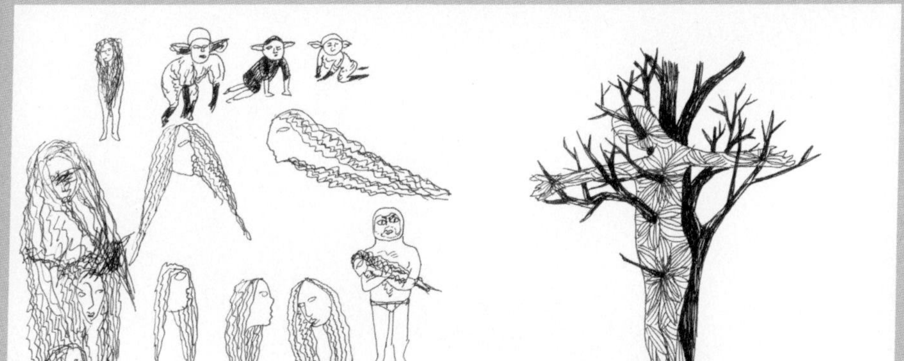
差勁的愛人
如果你無法愛你自己
你怎麼能夠期待任何人來愛你

圖／侯俊明

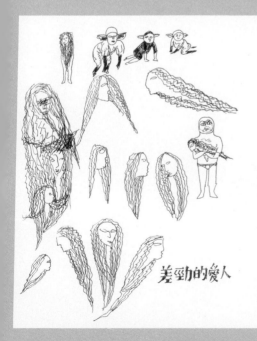

鍾文音 | 作家

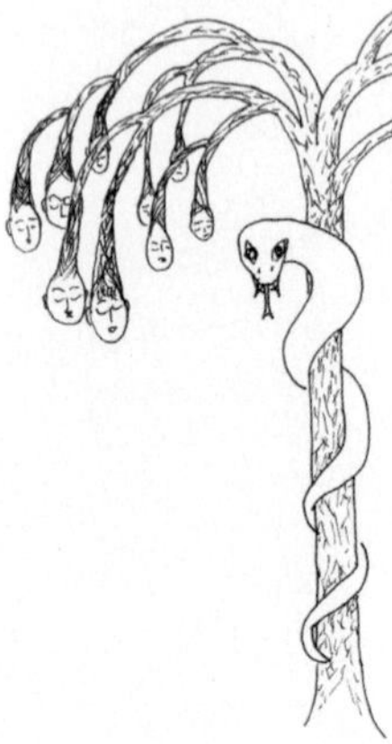
蛇是大壞蛋，專門教壞女人。

自從蛇長出了翅膀，牠就變得
更加狂妄了。忘了老鷹的存在。

我們之所以能活下去
是因為有人在乎我們。
我們被某人所愛。
火焰山 六腳創造社

圖／侯俊明

我們之所以能活下去
是因為有人在乎我們。
我們被某人所愛。
若我們因為沒人在乎我們
沒人愛我們而無法活
那表示我們把生命主权奉送給了那些人
把愛的能力收歸己有
愛己然後愛人，自己就成了
愛的磁場中心。
火焰山 六腳創造社

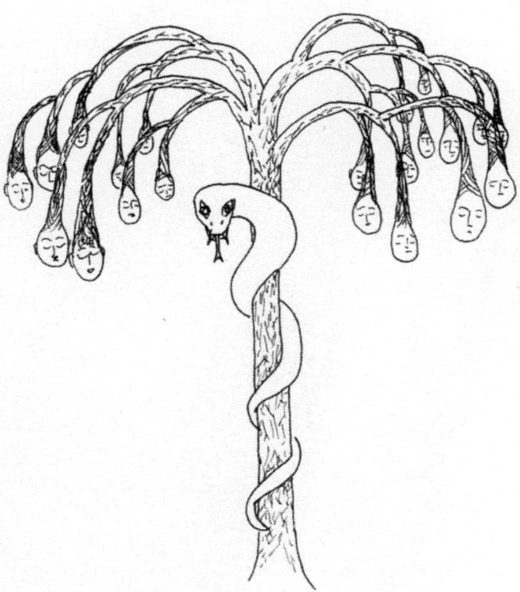

蛇是大壞蛋，專門教壞女人。

蛇是最好的老師，牠只是呈現了人內心的原形。
牠是鏡子，是句子，人之善惡與牠無關。

蛇長出翅膀就成了龍
牠就變成了祂，
祂是神，因為祂有了視野
狂妄是地面上的生物對祂
的偏見與嫉妒。

自從蛇長出了翅膀，牠就變得
更加狂妄了。忘了老鷹的存在。

洞口：看完「跟慾望搏鬥是一種病」所做的一個夢。

夢裏，我和候俊明那主人和一群他的朋友到了一個非常華麗而精琢細琢地像老宮殿或老廟宇般的老房子，建築體後頭蓋在風景絕美而氣象萬千的山崖上而可以從某些側廡的廊柱曲徑通幽地連接到了一個深邃又優雅的山洞，洞裏是一間間彷彿古代留傳下來某朝代最奇幻的墓穴或石窟寺裏珍藏的寶物祕室那種種更美更昂貴到近乎令人不安炫目的房間，埋身在地洞裏不知有多深多遠到一如迷宮般的長廊和曲曲折折的樓梯末端。我始終對一路跟著他們所參觀到的奇觀般的風光感到非常地好奇而心動，但是不知為何裏頭始終有一種說不出的古怪，一如空氣中的光線仔細打量時就老是有不明風吹入般的怪異地閃爍不定，一如走廊一路走老是有種奇怪的腐敗蟲屍和花香混合迷亂的怪氣味，而且一路都沒有看到有僕人或家人或任何活的如盆栽或寵物的植物動物，就像是在一種太過死氣沈沈的死穴般的地窖或異地，然而，最奇怪的事情還是主人提及的那些洞。那老房子和斑斑駁駁的牆上有非常多的大大小小的洞，各式各樣形狀的深淺歪斜，像某種陶藝家精心捏陶捏出的破口，或可能原因所出現好像老時代被挖掘

顏忠賢｜藝術家、實踐大學建築系副教授

或地震裂開過或長時間的腐蝕成的怪異極了的洞，已然被毀棄甚至遺忘太久，但是仔細看仍然非常地美，或許也非常地危險，那個主人一直跟我商量叫我去幫他打理裝潢那些洞，可以做出燈或柱或是雕刻或是奇奇怪怪的別的什麼都好，或甚至可以做成一個比較特別的好像洞裏面的洞，或從洞裏再長出別的什麼像更小但更精密的石刻佛龕或更繁複可以放珍貴珠寶或佛骨舍利或歡喜佛之類的七重迷你縮尺寶塔。但是我一直遲遲沒有答應，因為我在想的跟他在想的完全不一樣，我在想的是這些洞還是可能會使這個房子或整個山洞倒塌，或是這些大大小小的洞裏面還有別的什麼奇怪的蟲或獸或妖躲在裏頭，要做入那些洞就要和那些藏在裏頭的鬼東西周旋，可不是一件容易的事。而我始終覺得好累卻又還有別的事情在忙，老覺得會辜負了他們的託負，或許就是心中始終有一種說不出來或我也不了解的原因沒有辦法答應。或許我只是擔心有一天做到一半突然從那些洞裏面看到某隻恐怖的活的什麼探出頭來。

那一直安慰我別擔心的主人最後只帶我往他最末端的密室走去，說要給我看一個更奇怪的洞。然而我跟了他又走了好久才走到那暗黑的路的盡頭，有一個更巨大也更隱密的主人房間，巨大的老木門手把是用銹蝕古鑄銅灌鑄成的一雙手指比出奇怪手印的上下顛倒的手掌在門縫兩側，充滿了各式各樣像是古代淫靡後宮般的色情暗示，或許這是一個譁眾取寵到近乎誇張的汽車旅館房間，但是我始終搞不清楚為什麼我會到這個地方來。那房間又有點氤氤氳氳地隱隱約約，裡頭有很多古代的長型細木圓筒型的雕花鳥籠，而且有大大小小不同形狀和顏色的變形鳥籠的裝飾變奏般地出現，甚至，還有很多成群的燕尾蝶飛起的身影用透視角的繪聲繪色地精巧地繪在長牆上，甚至蝶身變成燈具或變成花器或變成燭台上的圖形。不可思議地角落還有種種的令人吃驚。甚至更後頭還有一個透露天花小花園長出很多奇花異草，還有櫟樹，樹枝後的牆上都是很昂貴的大理石或花崗岩，甚至在牆旁一張非常誇張的鴉片床，用酸枝木雕刻成的吊衣的老木托架，光影投射而出現方式非常的複雜。有的是從牆邊的蝴蝶剪影的一如暮色的餘光，有的是從花園的某些不可能角落所漫射出的瘦長昏黃光芒，有的從浴缸般那葫蘆形水池的特殊弧度中投影，所浮現的光暈的重重疊疊的迷離。但是在光影迷離的最死角，仔細端詳竟然盤踞了最荒謬的光景，那是許許多多從熱帶叢林找來的蛇木，老木幹身所纏繞了蛇身般攀爬的蔓藤曲木，曲木正中心環繞著一個黝黑的洞口，有種非常難以描述的令人不安但又很想躍入的引力，充滿了暗示，非常地詭譎動人的暗示。尤其上頭卻有很多紫色細條狀的光纖所發光成一如流線形雲朵或就像銀河般波紋的奇幻光梭，就像一朵祥雲或邪雲般地正充滿誘惑地向我揮舞般地揮手。那主人露出某種奇特的淫邪微笑對我說，他最喜歡帶女人進到那洞口後頭的黑暗口。

那主人最後說，我最喜歡的體位是那個洞口外她趴在等身高的鳥籠上，我趴在她身後插入。一如在一個荒島的野外的野合，樹下，草叢的幽暗的光影從鳥籠的細桃木枝籬照入而投影在她身上，一如某種血絲參參差差地滲出。或是在那張很大的鴉片床上，我斜躺在暗紅絲質抱枕而那女人最好月經來的那幾天，叫她們坐在我臉上，我最喜歡舔她們的私處汩汩流出的血。我一邊聽一直不太能專心，或許是他說了太多離奇的話，太多令人不安的故事，或許只是我因為有太多心事分心了，或許更因為床前還有一個液晶螢幕太大的電視，那時候的音響出奇地震撼而逼近，奔馳的蹄聲跑過險峻的長坡，那時候正在放一部古裝片的決鬥，另一臺在播一部法國宮闈片，千萬部隊衝鋒陷陣的塵埃滿天，所有殺氣騰騰的中國人或外國人都猙獰著怒目滿臉殺氣地向前衝而且都騎著狂奔的戰馬。但是他說，我的戰馬可是這一種，常常進房邊做愛邊看這種電影的我們就坐在這像馬鞍型的弧度古怪極了，電動按摩椅當八爪椅用吔，這種馬，那主人更笑著說，還是小S代言的喔！

其實什麼都看不到，而且，也沒什麼好看的，
但就是好想看，一直都好想看。

謝謝你曾經罵過我